西班牙超人氣牧師
荷西．那瓦荷—著　JOSE LUIS NAVAJO　譯—梁麗燕

月光下的十字架

MONDAYS WITH MY OLD PASTOR

老牧師與我的十四堂重生課

給奎莉，

在我沮喪時，妳的微笑為我點亮了千萬盞燈。

給美俐安，

每一天，妳讓我們看到青少年也有讓父母高興的神奇魔力。

妳的成熟有時會讓我驚奇到不禁想問：「她是我女兒，還是我母親？」

還有妳，吉妮，

妳用屹立不搖的愛、親密和忠誠，一起編織出堅固的繩索，

將我高舉在天空裡，徜徉在希望的懷抱當中。

Mondays with My Old Pastor

CONTENT

專文推薦

重新獲得心靈的動力

余秀芷

在癱瘓的這十五年間，我大多數的青春歲月都在醫院的復建室裡度過，這件事情聽起來很傷感，但我卻在復建的過程中，得到生活的許多動力。

剛開始接觸復建的我，總感覺這是件辛苦又看不到成效的事情，時間與體力的流失，漸漸地掏空了原本建立起來的信心，對於未來我深感困惑，那種不安的感受，讓我一度，不……應該是經常出現想放棄的念頭，只是也不知道為什麼，心中總是有個聲音要我再等等、再試試看吧，就這麼的，我撐過了一次又一次幾乎要放棄的心情，在一段時間後，身體居然有了點進步。

進步，是讓人振奮且重新擁有希望的事情，突然間滿腦袋充斥著美好的畫面，被振奮的靈魂開始浮躁了起來，就像個馬拉松選手，最後終點路程都還沒到，就急著要以衝刺的姿態跑完全程，我把握每一分秒賣力地復建，不讓自己有太多停下來休息的機會，也不顧復健治療師的規勸，直到有天一個手部肌肉拉傷，我被迫要暫停復建。雖然我並不是馬拉松選手，沒有被人後來居上的危機，但那種深怕錯過恢復時間的焦慮感，一直佔據我整個生活。

被迫休息的過程中，多了些生活的時間，我開始有空注意到窗台的花草，每天看著他們成長，細心地照三餐餵它們喝水，感覺成長進度過慢就施肥。但奇怪的是，過去我沒空理會他們，卻見他們活得漂亮、快速，而我有空細心照料他們時，卻見花草漸漸枯萎，令人不解、讓人傷心。

有天到朋友家做客，見他滿窗的繽紛，於是跟他提起了我那滿窗台的沮喪，在朋友理解了我對植物的照顧方法後，笑著對我說：「根據我的推判，你的花草是溺水而死。」我驚訝於這個推判，也才驚覺，原來我過度著急、期盼的心情，讓我以為照三餐澆水就能讓花草快速成長，卻不知道在「過度」的狀況下，淹死了一窗台的植物。

更奇妙的是，這也讓我回頭反思自己的復建態度，看著拉傷後貼上藥布的手，跟那窗台上被淹死的植物，他們好相似，都是在我急著想完成目標的表現下，親手將目標推離得更遙遠，植物不需要每天給她滿滿的水才叫關心，而關於恢復這件事情，也不是每分秒盡力地去復建就可以迅速復原，肌肉需要休息才有時間恢復，過度使用、過度關注的後果，就是造成更大的緊繃與傷害。

這些過程，在後來的生活中都成了一種提醒，而這段佔去我青春歲月的復建生活，也變得具有意義了。生活中的許多事件，都是一種經歷與成長，本書中的老牧師以一個個小故事，為一位深感心靈被掏空、倦怠的牧師解惑，讓他獲得心靈重新的思考與動力。

生活中有太多事情不斷掏空我們的心靈，如果能放慢腳步，感受一下生活中的每個事件，也許就會出現走出困境的小靈感，而如果你仍困惑著，那麼聽聽老牧師要對你說的小故事吧，就像是打開幸運餅乾一般，總會在某段文字中，得到豁然開朗的感受。

（本文作者為輪椅天使、生命教育講師）

專文推薦

把最初的那份感動再「加熱」一下

施以諾

我在醫學院專任教職，我所任教的職能治療學系，每年都會舉辦「加袍典禮」，典禮上，即將進入醫院實習的準治療師們穿著白袍，舉起右手宣示：「當我進入醫業時，我鄭重保證要奉獻一切為人類服務，憑著良心和尊嚴從事醫業……。」那種氣氛之感人，讓許多學生、家長都澎湃不已。這樣的場景，也令我想起自己當年第一次穿上白袍時，心中的那種興奮與悸動。

但說真的，亦有不少治療師在進入醫院不久後，漸漸失去了熱情，有時我也不例外，我有時也會對自己份內的工作感到無力與悶煩。本書的作者荷西．路易斯．那瓦荷牧師（Jose Luis Navajo）也曾陷入這樣的窘境，這種情況，講得學術些，稱之為「職業倦怠」（burn out），讓許多人有想換工作的念頭，但很不幸的，有時就算「跳槽」也無法根治這樣的心境，因為癥結點在於如何重燃熱情，如何於工作中重新看到價值。

我不知道別人會怎樣看這本書，但在我眼中，這本書猶如一帖療癒「職業倦怠」的心靈處方！它藉由一位對牧會工作感到乏味的牧師之省思、成長，而帶出了許多提醒，可以應用到各行各業，可以助人重燃熱情、重拾使命感。而不同於坊間一般膚淺的勵志書，這本書在談「熱情」時，並沒有教我們把熱情建立在成就或身邊的人上，本書中有幾個我認為很寶貴的核心觀念，包括：

- 上帝愛的是我們，而不是我們的成就。
- 愛那些不可愛的人，因為那些最不應得的人，才是最需要愛的人。
- 幸福的真正祕訣不在於一直做你想做的事，而是永遠想要做你正在做的事。

我們若能常提醒自己上述這些事，必能時時重拾熱情。每一個人在職場上都會有鬱悶的時候，而本書作者在自序中引用了一句名諺：「你無法阻止鳥兒從頭頂上飛過，但你可以防止牠們在你的頭髮裡築巢！」容我在此改寫作者所引述的話：「你無法阻止鬱悶的念頭不時從你腦海中閃過，但你可以拒絕讓它們在你的心中累積成病！」

許多人都曾經懷抱著極大的熱忱進入某一行，但我們畢竟都不是聖人，起初的那種熱忱與感動難免會不時冷卻，這時，就需要再「加熱」一下。鄭重推薦這本書，在這個職場鬱悶層出不窮的工商社會，本書是療癒「職業倦怠」最溫馨的一帖心靈處方。

（本文作者為心靈勵志作家、精神科職能治療師、輔大醫學院副教授）

專文推薦

老牧師的課程尚未結束

彭蕙仙

「你今天所做的事，是否帶領你去明天要去的地方？」這個問題，我們可以常常拿來問自己；甚至於，在此分秒必爭、行動上網但生命價值卻更茫然的年代，我們該問的問題，可以切割得更細小，此刻，對了，就是此刻，我們正在做的事，是讓我們跟自己的夢想更近了，還是更遠了？

書中的「我」是一位上帝的僕人、牧師，因為倦怠而開始懷疑自己所做的一切到底有沒有意義；他甚至問自己，是不是該改行了？就在這個時候，這位青壯年牧師（四十六歲）的妻子建議他去找一位他們向來敬重的老牧師（八十三歲，有五十五年的時間在同一個教會服務）談談心裡的困惑。

於是有了這十四堂重生課，每次上課，老牧師都會提出好幾個問題來問這位青壯年的牧師。上述的問題，出現最後一堂課裡，但它既是問題，也是提醒。誠如青壯年牧師對己生活的檢視：行程表是滿的，心卻是空的；行程表是打開的，《聖經》卻是關閉的。也誠如老牧師對新世代教會的提醒：教堂是聖壇，不是舞台，聖壇上只有基督，舞台上卻滿是名人。

「不要讓自己變成主角」。老牧師提醒青壯年牧師的這句話，正是針對他長久以來的倦怠感有感而發。因為有「成功必須在我」的壓力，所以熱愛享受讚美、無法承受攻擊，服事，或者擴大來看，在各行各業服務的人，身心靈便滿是疲累，而疲累便生出了倦怠與懷疑：懷疑自己為何而戰、懷疑自己為什麼要從事這行……作者投身教會服事三十五年，一開始異象明確、信心滿滿，然而，隨著時間的流逝，耶穌在〈馬太福音〉十一章三十節說的：「我的軛是容易的，我的擔子是輕省的。」這話，對他來說，卻已愈來愈遙遠，且愈來愈不真實。

先知以利亞因皇后路耶洗別派人追拿他，他一路奔跑到一棟羅騰樹下，累到極點、怕到極點，竟然跟耶和華說，算了，算了，你讓我死了算了吧；約伯因無緣無故遭逢災難，失去兒女財產，又被三位友人損了一頓，他跟耶和華抱怨，你為什麼創造我啦，耶和華你何不讓我一出娘胎就死算了，省得後面遇到這麼多事。無論從事哪一行、在人生的哪個角色位置上，久了，都可能出現「失去起初的愛」的這種狀況，當初滿懷熱忱，而後每下愈況，最後只能用「為五斗米折腰」這麼無奈的心態撐下去；因為工作的熱忱早被磨損殆盡了。

在理當有信仰支持的傳道人身上，這種失去熱忱、壓力日沉的現象也愈來愈常見，畢現代社會變化得太快了，問題多而複雜。雖說在最亂的時代，傳道人的工作才更顯重要與關鍵，但是牧師要一手《聖經》、一手拿報紙，肩上還要扛起很多信仰之外的社會議題，令人不禁要問一句：「牧師，你累了嗎？」

根據美國德州貝勒大學心理及腦科學教授Mathew Stanford的估計，大約有近四分之一的傳道人患有憂鬱症（或者是廣義而言，有憂鬱傾向），只是牧師的心靈若出了狀況，大概更難啟齒、更難向人尋求協助吧。但牧師也是人，自然需要心靈導師（mentor），這本書的十四堂課，老牧師以許多有趣而深具療癒效果的故事，與青壯年牧師分享「服事」，或者說「工作」的本質；單單是閱讀這些民間流傳或者作者自己創作的小故事，就能帶給人很多啟發與安慰。我特別喜歡其中一則很短的故事。一位遊客到一位智者家中拜訪，發現智者家裡很簡陋，就只有一張床和桌椅，旅者好奇的問：「你的傢俱呢？」智者反問旅者，那你的傢俱呢？旅者回答，可是我只在這裡待很短的時間啊，智者回答：「那我也一樣。」

當然，除了這些寓言故事，更重要的是教牧師與青壯年牧師之間的對話。他們彼此傾吐生命中曾遭遇的苦難，青壯年牧師這才明白，原來眼前這位「練家子」老牧師的人生，也曾有過傷痛欲絕的時刻，而信仰帶給了他力量。老牧師理解「患難生忍耐，忍耐生老練，老練生盼望；盼望不至於羞恥，因為所賜給我們的聖靈將神的愛澆灌在我們心裡。」（羅馬書 5:3-5）

耶和華讓絕望的以利亞知道，他並不是孤單的，因為耶和華保留了七千位敬虔愛主的人，將與以利亞一同併肩作戰。在最後一個禮拜到來之前，發生了一件重要的事，這裡先不透露。不過，有一點很重要，對我輩之人尤其重要，老牧師的十四堂課並未結束，因為青壯年牧師將繼續與更年輕的傳道人進行下一輪的「星期一的課」。耶和華預備了他（以及你、我）這麼久，現在不是藏私的時刻了，出來奉獻吧。

（本文作者為知名心靈作家）

專文推薦

尋找的，必尋見！

鄭忠信

我應該可以說：沒有人不喜歡聽故事吧！不管我們人生處在什麼階段，總能從故事中找到某種對應、抒解或啟發。特別在人生艱難的時刻，有時候只是希望有一個人可以與我們對談，使我們翻攪的心情能稍稍抒解、膠著的思路得以重新釐清，或是在一團迷霧中仍不致迷失方向，甚至對於生命的困惑能豁然開朗。

《月光下的十字架》的作者面臨到一個狀態——難以言喻且難以承受的奇怪疲憊感！他說道：「我開始感到沮喪。非常，並絕對地沮喪。當我發現自己什麼都做不了、也什麼都不知道時，認為自己一點價值都沒有的感受，完全地佔據了我。」或許每個人或多或少，都曾經歷這樣的感受，最近我也特別體會，生命天天都有不同的考驗及挑戰，看到作者真誠地表達出內心的感受，他不是即刻給讀者一個簡單的答案或一帖特效藥，讓我們覺得一切都不再是問題了，在他與老牧師充滿恩慈、溫柔和專注的對談中，交錯著富有寓意的故事；從戒慎恐懼地前來，到他離去的腳步可以看見橘色的雲朵，交叉著成為十架，其中閃耀出純粹的藍，Monday 不再 blue，Monday 是 born again，；慢慢看見祂的微笑，重新發現十架的愛，明白了寬容、喜樂和永恆的目標。

書中老牧師在初次見面曾說過：我的生命已經從十字架的庇蔭中湧出來，我一直活在它的保護下，我想要在我的時間到來的時候，讓十字架成為階梯，帶領我走向上帝的身邊。這句話深深烙印在作者的心中，成為他開始生命全新階段的提醒，我亦被深深地吸引及觸動。使我記起〈約翰福音〉裡頭一則有名的故事，有一個法利賽人，名叫尼哥底母，是猶太人的官，這人夜裡來見耶穌，尋找生命的答案。

你是否也願意像他們一樣？今天早晨看到窗邊一道陽光斜射進來，我心裡說道：神是愛我們的！也如作者所說：「大自然給我們上千個禮物，展示著神對我們的愛。」

（本文作者為基督教論壇基金會執行長）

專文推薦

忘年的情誼

劉錦昌

荷西是西班牙馬德里福音教會一位中年的牧師，就在他慶祝四十六歲生日那天，他深深感受到一種奇怪疲憊的感覺；不是肉體上的，而是心靈或靈魂方面的疲憊感。後來荷西去看醫生，耐心聽完他的敘述後，醫師的診斷是：倦怠。荷西讓自己強迫休息，他知道上帝要他面對健康不良的警訊，如此才能看到自己心中最厲害的敵人。所幸他體會到一點：太努力為上主「做菜」，反有可能因而將上主趕出廚房，耶穌的好友馬大的情況有些類似這樣；荷西牧師有位好妻子，她提議先生去找他們的老牧師，老牧師當時已八十三歲，一生五十五年間只牧養一間教會。遇到心靈危機的中年牧師，在一連串和老牧師心靈談話的過程中，得到生命的恢復、醫治、翻轉和提昇。

二位牧者之間，進行了創意、深度的靈性諮商，老牧師所借重的並非心理學的技巧或理論，他付出的是愛、關懷和對後輩的代禱，從一篇篇小故事中，引導這位受挫的牧者重新找到生命的核心焦點。老牧師的生命狀態正如這一段智慧的話：「上了年紀就像在攀爬一座高山。你爬得越高，就會越覺得疲累且呼吸困難，但視野會變得更加開濶，景觀也更加寬廣且平靜。」老牧師一次次地用小故事中的道理開導中年牧師，讓他舒緩、安靜下來、歸回安息，即便在沙漠般令人難受之地，在炙熱的地方，也因著十字架的遮蔽，靈魂找到了庇蔭之處。

荷西牧師猶如身困生命的荒漠內，老牧師正像沙漠中出現的天使，將涼水、綠洲賜給了他，老牧師告誡他：「應該要常常閱讀……要試著讓你自己沉浸在別人的智慧裡。一本好書會讓你成長。」好書就像是充滿豐富資源的礦坑，待人發掘。老牧師勸作者尤其要常讀聖經，並提醒他要跪在神的面前，注視著十字架。老牧師藉由一個關於戒指的故事告訴荷西，他的生命正像那戒指，是獨特又珍貴的珠寶，只有專家才能決定其價值，而不要讓他人來發現自己真正的價值！「只有神的想法才是重要的。祂知道你真正的價值是什麼」。

老牧師也提醒荷西牧師，克服成功比克服失敗還困難，要「從你的失敗中站起來，但是不要讓你的成功打敗你」，有時候要知道逃離，要能感受脆弱所帶來的力量。他們彼此分享了一個女修道院內的故事：老院長在派一名優秀的年輕修女出去傳福音前，先指派她去修剪花園、和農夫一同說話工作，又讓她到山上偏僻小屋避靜，更差派她去照料疫區的病患，當年輕有為的修女自己病倒時，她學習了軟弱和謙卑，能夠享受被愛及承認自己的脆弱。終於，老院長派遣她出去傳福音。傳道人要真誠面對靈性的驕傲，但是只要來到上主的殿堂前，與上主親近，驕傲將被治療，生命變得單純。

不能讓禱告的生活生病，祈禱有如木工的斧頭，要經常磨利，否則只忙於砍樹而疏忽磨利斧頭，將明顯看到事倍功半的結果；讓我們事奉的工作，整個沉浸在禱告的氛圍中。在事奉的時候祈禱，在祈禱時事奉，在看似靜態的祈禱中釋放著有力的行動，那是置身於與神同在的時刻，是屬靈上得勝的祕訣。

在與會友的關係上，老牧師忠告荷西牧師有五種人：有問題的、好人、同袍戰士、弟子、有資源的（能鼓勵我們的）等，面對他們，要有智慧地分配時間在他們身上，遇到人際關係的困難時不要放棄，「因為那些在冬天一半就放棄的人，將不會享受到下一個春天」。為何老牧師能夠這樣來幫助他的晚輩呢？因為他年輕時也向他的老牧師求助過，而他的「老牧師」慷慨地引導他度過困境；老牧師夫婦更曾經歷喪子之痛，他們體會過「當冬天的寒冷加劇時，上帝會靠近我們、包覆我們，給我們溫暖」；祂利用暴風雨來導正我們航向正確的方位。

老牧師幫助中年牧師瞭解，在服事及靈性生命中，屬靈伴侶、妻子、家庭的重要，健全的愛情生活可以加強並堅固服事的領域，當中所有的一切便是愛，「不管我們對神做出什麼……不管有多麼嚴重，都不能抵擋用懺悔的水和以耶穌的血所得到的洗罪救贖。」相信至極的愛，活在愛中，這是服事及靈性生命的祕訣。相信聖經，天天尋求上帝並敬拜祂，生命便有火焰燃燒，牧者重要的是培養人們的心靈，讓人們正視並對上帝負責，將自己生命投注給上帝，這就是一切。

對基督徒而言，這本書可以看到靈修生活的核心價值之所在，也可以透過書中每個星期一的會談主題和故事，逐一省察自己的屬靈生命，調整自己和上主的關係。老牧師對中年牧師的每一項教導皆是屬靈方面的緊要課題，若能一一加以對付，並讓聖神來動工，對生命將有偌大的裨益。老牧師對晚輩的提攜、照料，勉勵和嘉許的話，令人十分動容。本書不論對教會牧師或是尋求與上主建立良好生命關係的信徒，都能提供十分真實又貼切的靈修指引。最後，老牧師雖然蒙主恩召，但老牧師的妻子和這對受關懷憐愛的牧師夫妻之間，他們彼此深刻的情誼，純潔的友善信任，是人間難得的生命關聯。

（本文作者為牧師、前台灣基督長老教會聖經學院院長）

作者序

黎明來臨之前

幾個星期前，我慶祝了我的四十六歲生日。

雖然我希望不要在蛋糕上看到那麼多根蠟燭，但那仍是個美好的日子。有許多驚喜、擁抱和滿溢的真摯情感。一個人能這樣，夫復何求？

那天什麼都沒少，當我拆開一個漂亮的禮物時，甚至發現裡面的東西正是我需要的！但是，就連眾人帶著笑聲、拖拍走調地唱出歡樂無比的「生日快樂」歌，也無法讓我的情緒高昂。

那天到最後，在我收拾禮物的包裝紙，將剩下的蛋糕放進冰箱裡時，我不禁問自己：「為什麼連在自己生日這一天，我都有這樣的感覺？」

在我靈魂深處一個未知的地方，一直有個難以言喻且難以承受的奇怪疲憊感。我指的是一種比單純的疲累還要強烈的感受。它比較跟情緒有關，而非肌肉的疲勞。它與靈魂較有關係，而非肉體上的感受。

我是個福音牧師，有一段時間，我覺得……該怎麼說呢？好像找不到精確的文字來形容它。

失望？

不，一點也不。

幻滅？

不，也不是。

疲累？

是的，我想是……或者類似的感覺。

請別誤會。我的意思不是說我在生命中選擇了錯誤的道路。如果要我重新來過，如果神給我另一個生命的恩賜，我仍會請祂讓我投入一樣的事業——一個和我這幾年來努力奉獻的同樣事工。那並非傲慢，而是感恩。

很多人相信，受到神的呼召來事奉祂，是一種最崇高的特權和最珍貴的機會。我也這麼認為。

有些人說，他們在生命中從來沒想過要離開事奉神的工作，去從事其他行業。我很想宣稱自己也屬於那樣的精英。但願我能告訴你，我從沒想要摘下手套、扔掉毛巾表示放棄，或就像我們形容的，看著深陷在田溝裡的鋤頭，翹首盼望能找到更柔軟的土壤或更翠綠的田地。我希望自己可以這樣告訴你，但如果我這麼說，就是在撒謊。

三十五年前，我何其有幸，雙腳踏進這個神聖工作的園地裡；直到今天，只有兩件事比事奉神更吸引我：我所事奉的神本身，以及我的家庭。

但是，在我們指引道路給那些願意拿起鋤頭，在這趟旅程中與我們分擔工作的人時，如果我們只跟他們強調綠洲的存在，而忘了提及沙漠的艱困，這樣是不太好的。

無庸置疑地，受到神的感召是一個人能感受到的最高使命。然而，事奉祂意味著加入一場戰役；我們必須謹記，在戰役裡，有士兵就會有傷亡。偶爾遇到沮喪是正常的，而這也曾發生在我身上。

你接下來所看到的文字內容並非一次完成，而是隨著時間慢慢累積而成，這是我透過一些非常特殊的時刻得到引導的過程。

有時候，我可以將筆蘸進上帝心靈的「墨水」裡，但有些時候，這枝筆的墨水來自我自身傷口所湧出來的鮮血。有些字句是用彩虹的光芒編輯而成，有些則是一些不舒服的想法的怒吼。有時我會大叫：如果我投身別的事業，也許會比較好！我根本沒有事業，這一切都是個瘋狂的妄想、空泛的希望！這樣的生活並不適合我！

這樣的壓力非常大，以致有一天我覺得自己好像快死了，別無選擇之下，只好去看醫生。我試著將心裡亂糟糟的情況解釋給他聽，這團混亂造成我靈魂上嚴重的分歧和身體上嚴重的問題。我不知道自己發生了什麼事，只是猜想著這一切背後所代表的意義。親切的醫生把手肘靠在桌上，十指緊扣，頭靠在兩個大拇指上，很有耐心地聽我說。最後，他看著我，給我一個誠懇的微笑，這樣的笑有時讓我放鬆，有時則會讓我覺得不安。然後，他遞出了診斷書：倦怠（burn out）[1]。

倦怠？不停跑動的人這麼快就不行了？短短二十天就把二十年的彈藥供給完全耗損殆盡？一個使勁鞭策馬匹奔跑的人，最後卻把自己累垮？

我不知道他在說什麼！

「就像是抓住超過能力範圍的韁繩，並且同時駕馭好幾匹無裝備的馬匹跑步，像這樣複雜的事，很容易失去控制。在旅程中硬擠進太多的東西，會在一個人身上增加無法承受的重量。」

他表現得如此堅定、有說服力，讓我必須承認他說對了。

1 編注：又譯為「職業倦怠」或「專業枯竭」，是指因持續的生活壓力與消極的情緒體驗而造成身心疲憊、消耗狀態。

結束診斷後，他再次用同樣的笑容盯著我，遞給我他開的處方：「我會開給你『強制的休息』。」他一派輕鬆，就像開了阿斯匹靈給我一樣。

令人感恩的是，我不必體驗強制的勞動，即使我深深尊重那些身處那樣處境的人。但我可以證實，「強制休息」並不簡單。

那不是我充滿缺陷的本性第一次迫使我休息——最後我推論，神賜給我不好的健康狀況，是為了讓我可以因而寫作。祂很清楚，從那一刻開始，我才會面對心裡最嚴厲的敵人；唯有當身體慢下腳步，心智才能開始不停地加速運轉。

因此，我決定在自己受到制約之前，趕快切斷那樣的想法。利用強制休息的機會，我得出一個有力的結論：太努力為上帝「做菜」，反而有可能因此將祂趕出廚房。是的，那是有可能的，但那絕對是很不智的做法。

困難的枷鎖和沉重的負擔並不符合耶穌對其任務的描述；相反地，這兩項條件會將我們放到陡峭的上坡處，讓我們想要撒手放棄。

那曾發生在你身上嗎？你曾經在某個時候想到這些嗎？

不要太嚴苛地折磨或批判你自己。

歡迎加入我們的行列。

一位智者曾說過：「你無法阻止鳥兒從頭頂上飛過，但你可以防止牠們在你的頭髮裡築巢！」當我用一隻手抓住從心裡湧現而出的想法，同時用另一隻手揮走想在我內心裂縫中築巢的黑鳥時，我寫出了這本書的許多篇章。

想和我一起走過這趟旅程嗎？我們可以一起證明，當我們在這座黑暗的洞穴裡跟隨上帝時，我們總能從洞的另一端走出來；我們會浮現在更高一層的地面，在更清楚、更平靜的天空下，看到更寬廣的視野。

我堅信，在你閱讀到某個時機點，你會停下來，理解夜裡最黑暗的時刻，正是黎明來臨前的那一刻，而且你也將明瞭，沒有不會轉換成欣欣向榮之春的嚴冬——儘管冬季是多麼冷峻和艱難。

我確定，在你讀到最後一頁之前，你就會發現，最嚴重的危機通常都是通往更大轉機的捷徑，並且，你在上帝砧板上所受到的打擊並非毀滅性的，而是建設性的。

如果你已經讀到這裡，那麼恭喜你，因為真正有趣的部分，現在才正要開始。

我想介紹我的老牧師給各位，好讓你我能夠一同在他那沙漠中不起眼、漆白的房子裡漫步，並找到那高舉於沙丘中的神聖十字架。

「你知道嗎，孩子？當我還是小孩時，我總是花很多時間聆聽父親對我說的話。噢，我還記得他話語中的智慧！聆聽他的話，能讓我感受到自己在成長。他總是拂去那些值得珍藏的記憶裡的塵埃，留給我美麗的想法和珍貴的教誨。」

可敬的爺爺停頓了一下，因往事而感動，然後他繼續說：「可惜今天的老人已經不再那麼有智慧，可以讓你因為聆聽我們而學習！」

年輕人握住老人的手，看著他的眼睛說：「父親，並不是這樣的。如果我們不花時間聽你說話，不是因為你比較不智，而是因為我們變得更愚蠢了。」

父親露出微笑，展現出真摯的愛，然後親了他兒子的臉頰，並擁抱他。

前言

沙漠中的十字架

年老的有智慧，壽高的有知識。

——〈約伯記〉十二章十二節

我來到一幢因爬滿葡萄藤蔓，而得以遮蔽陽光的漆白房子前。**這就是老牧師的藏身之處？**我看著那不起眼的建築想道。

當我慢慢走近離我幾步遠的門前時，心裡充滿了兩種感受——羞怯和不安全感。

在我試著鼓起勇氣敲門時，我強迫自己憶起老牧師曾堅決地催促我來拜訪他。

「我不確定……」我在電話中猶豫地告訴他：「我不想打擾您……」

「別再說了。就這週一來吧！」那是他第三次這樣說：「我真的想見見你，給你一個擁抱。」

因此，我現在站在那釘著黑色釘子的藍色大門前。我不禁覺得自己不過是個愛管閒事的人，來這裡只是打擾了那位好意將他僅存的時間花在我身上的老人。

然而，只要想到把我帶來這裡的不利情況，就足以讓我立即抓起門中央的銅製門環，宣告我的來臨。

讓我先提供各位一點我最近情況的背景：

我一直都用生命在事奉神，將自己全然交給祂。然而，最近事情有了一些變化。

我開始感到沮喪。

非常，並絕對地沮喪。

當我發現自己什麼都做不了、也什麼都不知道時，認為自己一點價值都沒有的感受，完全地佔據了我。

我那時在一個小鎮上的小教堂裡執行——或者，至少我嘗試執行——牧師的事奉工作。關於這個事奉的一切都是小規模的。但那樣的責任對我來說卻是如此巨大，尤其艱難到威脅著將我擊潰。

某個週日，從教堂回到家以後，我將自己關在房間裡，跪在床前，雙肘靠在床上，接著將臉埋在雙手裡，禱告並哭泣了好長一段時間，但是這一切好像都是徒然的。對我來說，似乎連禱告都沒用了。我的話語好像撞上天花板，破成碎片，然後全往我身上掉，變成一陣零碎的雨，撞擊著我蜷曲的背膀。

在禱告和哭泣之後，我依舊跪著，期待有什麼會發生。但什麼都沒有。

隔天，我開始逃避。我放棄了——至少在心裡。我想停止事奉神，因為我在精神上感到匱乏。我無力抵抗，因此陷入沮喪。

一切都發生在那時候、那一刻，五月初一個陽光普照的星期一。

我失去了信仰嗎？

我並不確定。但既然我已經確定失去了熱忱，我就不再擁有與一開始事奉時同樣熱切的渴望。

當我剛踏上「事奉神」的船隻時，內心充滿計畫和夢想。那是九年前，一段十分漫長的「孕育期」。不料最後分娩竟產出了三胞胎：沮喪、挫折和幻滅。

結果，那艘我興奮地踏上的小船，現在開始到處積水，那充滿沮喪的澎湃大海，威脅著要將我吞噬。

我開始檢視生命中的每一年，好像它們是個遺憾和沒有意義的錯誤。而在剩餘的時間裡，我僅看到沒有色彩的空虛，讓我毫無欲望踏進去。

我曾在其他時刻經歷過危機，但從未如此深切、如此突然。

我的妻子瑪麗很快就注意到了我的感受。這並不意外。她可以從我的雙眼讀出我的心事，她光瞧一眼，就能像用X光一樣，掃描出我整個靈魂。

「你怎麼了，親愛的？」

她的支持是無條件的，她對我的信任也是；但即使她是那神奇的救生衣，在威脅著要吞噬我的險惡大海裡，看起來還是不夠。

「告訴我，」她堅持：「怎麼了？」

「沒事。」我告訴她。我甚至試著用一個吻來閉上她的雙唇，阻止她打開一連串誠懇問題的洪水鬧門，讓我不知如何回答。

「沒什麼事。放心吧！」

以她莊重的個性，她會耐心等候時機，直到知道這個不會持續太久的急驟暴風雨已經過去。

相同的情況持續了好幾個禮拜：陷入沮喪的深淵中，抵抗那些排山倒海的自認無能、不知所措和自認無用的感受。隨著時間的流逝，我甚至考慮要不要離開事奉崗位，轉而投身其他行業。

我沒受到感召，我心想。**一切都只是個白日夢而已，一個假象的希望。這樣的生活不適合我。**

「你為何不去找你的老牧師談談？」妻子在一天晚上，當我依舊用一樣迂迴的答案來躲避她的問題後，這麼提議。

「我的老牧師？」

「是呀。」

她用甜美的表情對我微笑。這對我的傷口來說，就像是個療癒的藥膏。「你為何不去找他談談？」

「老」這個稱謂並非對我們牧師的不敬，而是表現出真誠的感情和真摯的仰慕。在他的黃金年歲裡，我們從未看到歲月摧殘的痕跡，只看到他那不可計量的寶貴經驗。

他是個幹練的八十三歲老先生——其中有五十五年都在同一間教堂裡事奉，而他所過的每一天都留下了智慧的泉源。

他的妻子是英瑪．柏格曼（Ingmar Bergman）[1]的實體見證，她說：「上了年紀就像在攀爬一座高山。你爬得越高，就會越覺得疲累且呼吸困難，但視野會變得更加開闊，景觀也更加寬廣而平靜。」

就在他退休後的幾個月，他和妻子瑞秋決定離開喧囂的環境，在禱告和退隱中度過他們人生的最後一段旅程。

「我們已經在前線事奉了祂，現在想抽身到祂身邊去。」他在與我們告別的那天這麼說：「五十五年來，我們都在向人們講述關於上帝的事情。現在，我們想要和上帝說說關於人們的事情。」

「你何不打個電話給你的老牧師？」瑪麗重覆道，將我從白日夢中拉回來。

我沒回答，她也沒繼續說。她知道，我的沉默代表會將她的建議列入考量。而那正是我後來做的。我帶著她的忠告入眠，翻來覆去想了上千遍，直到進入夢鄉。

我幾乎不做夢，但那天晚上，做了一個夢。

夢中，我看到自己在沙漠裡，被炙熱的高溫所煎熬。我的皮膚如火般燒燙，烈日的光輝像利刃一般射下，劃破炙紅的皮肉，嘴唇也異常乾燥、龜裂。筋疲力竭的我，摔倒在地。

我用超乎常人的力量，成功爬了起來，努力往前移動幾吋，然後又再度跌落。最後，雙腿動彈不得，所以我放棄了，癱在沙子上，自覺已經離死亡不遠。

正當致命的沉睡開始吞沒我時，一道涼爽的陰影覆蓋了我。溫度瞬時下降幾度，我的頭髮甚至因一陣奇異而清涼的微風而飄動。我感到重生，感覺就好像在一整天辛苦的工作之後，擁抱著溫柔的絲綢床單一樣。這道陰影來自何處？我抬起雙眼，然後必須揉揉雙眼，告訴自己，我所看見的並非海市蜃樓：在那灼熱如火的土地上，一個巨大的十字架被高舉著，就在烈日和我那墜落的身軀之間。

它的遮蔭恰恰延伸在我的上方。一個無法抗拒的吸引力讓我靠近它。我可以看見一個人形的影像在十字架的底端對我微笑。那是一個人，跪著，用一隻手指著我，另一隻

1 編注：著名的電影、劇場及歌劇導演，出生於瑞典路德會傳教士家庭，其作品影響現代甚鉅。

手指著那被高舉在沙漠中心的巨大十字架。我將手指往沙裡深掐，拖著身體往前更靠近一點。

我只能看到一點點，但已足夠認出那個召喚我的人……是我的老牧師！得到十字架庇蔭的涼爽而重新得到力量，讓我有一種平靜的感受。突然間，在我內心幾乎完全黑暗的層層烏雲裡，他的聲音打破了寂靜：「你們得救在乎歸回安息；你們得力在乎平靜安穩。」一個溫柔卻有力的聲音，奇特卻充滿著力量。絕對獨一無二。

帶著那個聲音的回響和貼緊身軀的睡衣T恤，我驚訝地醒來。我完全沒有疑問，那個夢證實了瑪麗的建議是明智且時機正確的。

這就是為什麼我此刻在這裡，站在那簡單的白牆屋子的藍色大門前。

寂靜是這個格外肥沃卻鮮少有人居住之地的音樂主調。附近完全看不到其他房子。那間房子是建造在一個人跡罕至的地方。它的地基孤僻地座落在這裡，因而受到最棒的安靜所保護。石板地和牆壁都覆蓋著花瓣——紅色、白色和粉紅色——從佈滿花盆的周圍壁架和兩邊的陽台上垂落下來。

在門的兩邊座落著兩個種著玫瑰的大盆子，我彎下腰去聞它們的香氣。它們是純白色的玫瑰，花瓣上還留有看起來像是一顆顆小水晶的露珠。

我往後走幾步，仰頭瞻仰這個房子簡單卻宏偉的構造，然後注意到一個小細節：伸出幾呎高的煙囪，跟鋪瓦的屋頂沿線，連在一起投射出一個完美十字架形狀的影子。

我的視線緊盯著這一幕超過一分鐘。那是個完美的十字架，由於落日的關係，投射出特別長的影子。

一個跟我夢境中相同的十字架。

一個沙漠中的十字架……

從那時開始，我從未體驗過的最目眩神迷、最特殊非凡的時期，就此展開了序幕。

在那幾個月期間，我並不了解到底發生了什麼事，直到現在，我才能以篤定的信念講述這段經驗。因為隨著時間過去，我開始理解到，每個沙漠中都有一個帶來復興的十字架，端看你要不要去找尋它，和要不要在它的遮蔽下尋求庇蔭而已。

有時候我們根本沒力氣去尋找它……但是，十字架會找到我們，然後我們會證實，最炙熱的地方，會被轉變為最肥沃富饒的花園。

第一個星期一

沙漠中的天使

唯有上帝存在，唯有上帝知道，

唯有上帝全能……唯有上帝是真正的智者。

我戒慎恐懼地、慢慢地一步步趨前，來到房子的門口。而我所看到的，讓我驚訝地說不出話來。

在右邊的門楣旁，有一塊狀如羊皮抄書本的紅石板懸掛在外牆上。石板上刻著先知的話語：「你們得救在乎歸回安息；你們得力在乎平靜安穩。」（以賽亞書／依撒意亞30:15）

出現在我眼前的這段話，和把我從夢中敲醒的那兩句話一模一樣。

我真不敢置信。

我深深吸了一口寧靜而芬芳的空氣，心想：**看來老牧師和他的妻子已經實現了他們的願望，找到了一個休息和安心的地方**。我毫無疑問地知道，他們已經將這個平靜轉化為聖壇，將這神聖的寂靜轉化為讚頌。

當我在六月一日這一天來到他的房子造訪他時，我只是想跟他喝一杯咖啡，讓他知道我所感受的。

就在敲門之前，我想到那天是星期一，而我放棄的那一天，正好也是五月的第一個星期一。我萬萬沒想到，這個陽光明媚的星期一，六月的第一天，會是我恢復的開始！

再踏出一步，我就能跨過門檻，進入生命中極大的轉變。我生命中一個決定性的時機將要開始。

陽光從一片不可思議的湛藍天空中灑下來，它的熱度散落在房子的每個牆面。沒有一片葉子在飄動，慢慢地，我抓著發亮的銅製門環，在門上敲響兩下。

隨著溫柔腳步聲前來的，是善良的瑞秋，老牧師的忠誠伴侶，她為我開了門。她很驚訝看到我，然後說出我的名字，讓我知道她很高興我的來訪。她親吻我的雙頰來迎接我，然後熱情地說：「歡迎！」讓我帶著發亮的微笑進去。

老牧師已經慢慢接近玄關。「你好！」他朗聲招呼，一邊舉起他的雙臂朝我展開：「看到你來到我的房子，讓我非常歡喜。」

在令人窒息的熱氣中，一股情感的微風包覆了我。他的喜樂中沒有矯情和偽裝，他友善的擁抱傳遞了最真誠的歡迎之意。

我已經覺得好多了。

那兩位天使溫暖的接待馬上就有了治癒的療效。我感覺，即使這次造訪就在此結束，我應該也可以欣慰地回家了。

看著他們，我開始相信，讓我們老化的是我們精神上的皺紋，絕不是臉上的皺紋。

我在他們身上感受到兩個滿溢青春和真實生命力的靈魂。**他們擁有什麼**，我問自己，**讓**

他們光靠存在就可以激發出鼓勵？

房子裡面看起來跟外面一樣簡樸。

我們一進門，很快就走到一條通往四個門的走道。右邊的門通向一個小廚房，有著所有的基本廚具，包含裡面另外一個門，門後是一個設有餐桌和四把椅子的陽台。

我想像他們坐在那裡，啜飲著清晨的咖啡，在他們面前寬廣的大自然裡感到愉悅。水槽上方有一扇大大的窗戶，裝飾著蕾絲窗簾，但仍能清楚看見那棵百年老橡樹，伸展著它的樹枝在房子上方，好像想要提供躲避初夏日光的庇蔭。

廚房對面的門通往小而舒適的起居室。兩把搖椅面對著黑掉的壁爐，代表著許多一起享受它的溫暖和親密的冬天。

兩把搖椅的中間有個矮桌，上面放著一本聖經，殘舊的書皮上寫著「大字版」。那是老牧師最近在用的版本，因為他的眼睛已經不如從前，即使他堅決的光芒從未熄滅。

然後我注意到一個細節：聖經的書皮上浮雕著一個大的十字架。從那裡，我的目光跳到屋子上方的老木樑。它們也形成一個十字架。然後，我注意到擺著照片和備忘錄的壁架，是以同樣的形狀設計而成。同樣的圖騰也出現在大窗戶的玻璃上，兩塊玻璃中間的兩條白色的木條形成了一個十字架。

老牧師發現了我所看見的。

「啊，你看到了，是不是？」他微笑地說：「十字架。」

「是啊，到處都是。這代表什麼？」

他這時的笑容，比午後無雲的天空中最純粹的太陽，充滿著更多的光芒。

「我的生命已經從十字架的庇蔭中滿溢出來。我一直都活在它的保護下，我想要在我的時間到來的時候，讓十字架成為階梯，帶領我走向上帝的身邊。」

「你在它裡面找到了什麼？」我斗膽問了他。

他只思索了幾秒鐘。「我找到祂。」他說，一邊用食指往上指，「我在十字架裡找到祂，就這樣。有了這個，你還能要求什麼？」

我望向客廳角落裡的一個階梯，通往樓上，很有可能是臥室所在的地方。玄關裡第三扇門通往一個小的盥洗室，跟房子裡其他地方一樣乾淨。

只剩下一扇門了，老牧師指向它。

「我現在去幫你們倆端咖啡來。」瑞秋走向廚房，一邊說著。

那間是他的書房。

兩個地方馬上吸引我的注意：從地板連到天花板的巨大書櫥，覆蓋了整面牆，上面放滿幾百本書籍；以及他的書桌右邊的大面窗戶。那扇大窗戶提供一個很迷人的視野，鄉野風光在眼前一覽無遺，而現在正值春天時分，草地看起來像片可口的地毯，覆蓋整個大地，很是耀眼，幾乎是粼光閃閃的一片綠。

看著擺滿書的書櫥，我想起老牧師曾經給我的忠告：「你應該要常常閱讀，尤其是聖經，另外，也要試著讓自己沉浸在別人的智慧裡。一本好書會讓你成長。它們就像是礦坑一樣，」他曾對我這樣說，一邊欣喜地撫摸著手中的書，「充滿豐富資源的礦坑。每個章節就像個蘊藏寶藏的展示間，等待著人們去發掘它們。」

我瀏覽了一下書背，試著看出書名。

「一千七百一十二。」他告訴我。

「什麼？」

「一千七百一十二本書，依字母排列，且有手寫條列注解。」他笑著，「你知道我一直是個熱愛閱讀的人。」

「而且是個非常有組織的人。」我指出，「當然，我們很多人都受到你對閱讀的熱愛所影響。」

他在房間後方一把面對大窗戶的椅子上坐下來。我想這應該是他最喜歡的地方。在他旁邊有一張矮桌，上面放著一盞燈。

我想像老牧師在那張椅子上所度過充滿詩意的時光，白天時欣賞著窗外遼闊而綠意盎然的景色……夜晚則在燭燈的映照下敬拜。

「謝謝你撥出幾分鐘的時間給我。」我有些不好意思地跟他說，並在他面前的一張椅子上坐下。

「你謝謝我？」他說。他眼睛的微笑比嘴巴還明顯。「我才是要謝謝你的人。自從我退休以後，有很多的時間，而我還沒有很多機會享受朋友的拜訪。你看，這些日子以來，我有好多事情可以分享，可是沒有人想要聽。我已經讓瑞秋厭倦了反覆聽我的故事。她實在是個聖人！」

他說著就開懷笑了起來。

瑞秋這時剛好端著托盤走進來，讓整個房間充滿咖啡的美味香氣，搭配著新鮮烘培的蛋糕。

老牧師微笑著看著她，在這抹微笑裡，我看到言語不足以形容的感激，而她對他眨眨眼，就像個年輕少女一樣。

那天下午，我見證了兩個生命間洋溢著溫柔之愛的時光，我整個人為之著迷。我想，生活在十字架的庇護下，不僅保護了一個人的個人生活，也保存了一個人的婚姻。

「所以你有一些故事要說。」在他的妻子離開房間以後，我對他說。

「很多，」他告訴我：「而且我覺得這些故事很棒。你想要聽嗎？」

「我很樂意。」我誠懇地說。我非常尊敬老牧師，而且感覺自己光是在他的左右，就已經有所成長。如果再聽他的話語，那必能成長更多。

我有一度想告訴他我做的夢，同時也是我來見他的原因，但我決定不這麼做，因為我不想要影響我們談話內容的方向。

「你知道嗎？今天早上，我想到我得到事奉上帝的呼召的確切時間點。」

他將咖啡杯舉到唇邊，但停留在離嘴巴幾吋的地方，說完他想說的：「一想到這個，我還是覺得很感動。」

「你那時幾歲？」我問。

「我不確定。」

他低頭在冒煙的飲料中啜了一口，將杯子放回小盤子裡，然後輕輕地抓了抓頭，好像試著喚起記憶。

「好像在我十五歲時……我不確定。我記得很清楚的是，那天我的牧師所傳遞的強烈信息。」

「所以你喜歡那個信息囉？」

「非常喜歡，但是讓我激動的是另一件事。」

「喔？是什麼？」

「是我有一種感覺，確定自己有一天也會傳遞那樣強烈的信息。」

他的目光停留在窗戶上，好像在寬廣的田野中讀著他的故事的下一個部分。

「那個事奉的尾聲，是我新生活的開始。我坐著，頭倚靠在面前那張椅子的背上，禱告並哭泣——因為情緒非常激動。然後我感覺到一隻手搭在肩上。那是我的牧師的手。

「『你已經感覺到了，對嗎？』他用同樣肯定的溫暖語氣問我：『你已經感覺到你的呼召了。是嗎？』

「我點點頭，不知道還可以說些什麼。我想要向他解釋，這樣的呼召對我來說很瘋狂。神會選擇我，好像是個錯誤或是糟糕的玩笑。一個連在三個人面前說話都沒辦法的人，居然會被神挑選到眾人面前說話？」

他試著大笑，然後說：「不管是錯誤或是糟糕的玩笑，我知道我並沒有其他選擇。」

他再次舉起杯子，雙眼凝視著我，繼續他的故事：「我的牧師將手放在我的下巴上，將我的臉托起，好讓他可以正視我。他說：『如果祂呼召你，答應祂。』他幾乎是用氣聲說出這些話。」老牧師在說這個故事的同時，也是輕聲說著。

「『但我永遠都不會有能力事奉祂。』我這麼抱怨。

「『上帝不會呼召已經裝備好的人，而是祂會裝備那些受祂呼召的人。你懂嗎？』牧師指著懸掛在聖壇上方的十字架，這樣告訴我：『你所需要的只有這個。生命並不是在你二十歲時開始，也不是在你四十歲時開始。生命開始於髑髏地（Calvary）[1]，那也是豐碩成果的事奉所開始的地方。讓你裡面充滿十字架，讓它變成你生活的方式和你的安息。』那是可以陪伴我下半輩子的欣慰肯定。」

故事說完了。老牧師迅速地喝完咖啡，把杯子放回碟子裡。然後他將背往後躺，靠著椅背。

「那天我們通電話時，你沒有給我很多你來拜訪的詳細理由，」他說道：「但我感覺你正面臨著我生命中一直深受其擾的不安感受。」

「你也……？」

他沒有讓我把話說完。

「孩子。」

我喜歡他跟我說話時用的親暱稱呼。

「打從我有記憶開始，我一直都有個疑問：有一天我可以幫助到人嗎？我可以勝任、回應這樣榮幸的呼召嗎？」

我不由自主地點頭同意。連我都沒辦法比他更貼切地形容我自己的感受。

「是的，」他繼續說：「我幾乎什麼都不確定，我只確定，我所能做的，並不能幫助改變任何人的生活。但是，後來我發現這種疑問是很重要的，因為我對自己能力的質疑，讓我必須更親近上帝，尋找資源，而那裡（他指向地板上放著的幾個破舊的跪墊）就是我的感受得到安撫平靜的地方。神的同在，讓我裡面充滿了和平，即使我有時候會覺得挫敗，但總是能重新充滿新活力地站起來。」

他說話的語調提高了許多。

「我改變了、得勝了……最重要的是，我煥然一新了。」

我可以感受到，他的話語也在讓我煥然一新。

1 編注：天主教譯為「加爾瓦略山」，是耶穌被釘上十字架之處。

「我們只有跪在祂的面前才能找到平衡。當你受到誘惑，認為自己缺乏勇氣時，看看十字架。」

他將手伸向整個書櫥，然後我注意到了，連閱書架上都充滿了神聖的標誌：印刷在書背上的，掛在牆上的圖像，還有寫下來的聖經詩句。

「看那十字架，」他強調：「這代表著對神來說，你有多麼重要。」

我決定對老牧師坦誠。「我現在的問題是認為自己能力不足，無法滿足被寄望的責任。任何一個人都可以做我現在做的事……而他們也許能做得比我更好。」

他看著我，用一個微笑傳遞著理解和同情。「我想到了一個古老的故事。你想要我講給你聽嗎？」

「請說。」我跟他說。

他舒適地坐在他的椅子上，十指交叉，雙手靠在腿上，然後開始說：

> 那人非常困擾地進入了智者的房間裡。「老師，我來這裡，是因為我感到麻木，以致我不想做任何事。人們告訴我，我已經不再有用，說我做什麼都不對，說我很笨拙、很愚蠢。我要怎麼樣才能改善？我該做什麼，他們才會覺得我有價值？」

老師沒有看他，只對他說：「我很抱歉，孩子，我無法幫你，因為我必須先解決自己的問題。也許晚一點吧……」他停了一下，然後又說：「如果你想幫我的話，我可以先處理我這件事情，然後也許就可以幫你。」

「當……當然，老師。」年輕人吞吞吐吐，再次覺得自己什麼都不值，而且他的需要總是一再被推托。

「嗯……」老師將左手小指上的戒指取下，然後把它遞給年輕人，說：「去取外面那一匹馬，然後騎去市集。我需要變賣這只戒指，因為我必須償還一筆債務。你必須取得最好的價錢，絕不要接受低於一個金幣的價格。去吧，盡快帶著一個金幣回來。」

年輕人拿了戒指離開了。當他到達市集，他開始拿戒指給商人們看，商人們先是很有興趣地看，直到年輕人說出了他想要的價錢。

當他提到一個金幣的價格時，其他人都轉頭就走，只有一個老人好心地花時間解釋說，一個金幣的價格用來交換這只戒指太昂貴了。有一個人想要幫忙，就提出了一個銀幣和一個銅器的價格，但年輕人有受到指示，不能接受除了一個金幣以外的其他價格，只好拒絕任何出價。

他帶著戒指詢問了他在市集遇到的每一個人（這些人加起來總共超過一百個人），

心裡因為自己的失敗而洩氣。他跳上馬，回去找老師。他多麼希望帶著一枚金幣回來給他的老師，讓他能償清債務，自己也可以獲得老師的智慧和協助。

他進入房間，說：「老師，很抱歉。我無法拿到你要求的價錢。我大概能夠換得兩或三個銀幣。但是我不能欺騙任何人這只戒指的真正價值。」

「你剛剛說的非常重要，我的年輕朋友，」老師笑笑地說：「我們必須先知道戒指的真正價值。回去找那匹馬，去見見珠寶商。誰能比他更了解呢？告訴他你想賣掉這只戒指，問他願意用多少錢來買它。不過不管他出價多少，你都不要賣給他。要帶著我的戒指回來。」

年輕人回去找到馬匹，再次出發。珠寶商在油燈的燈光下仔細檢視了這只戒指。他用放大鏡看了看，秤了重量，然後告訴他：「年輕人，告訴你的老師，如果他想現在就賣，我最多能給他五十八枚金幣。」

「五十八枚金幣？」年輕人驚叫。

「是啊！」珠寶商回答：「我知道如果花點時間，我們可以賣到大約七十枚，但如果是要緊急地變賣……」

年輕人興奮地快馬加鞭，回到老師的房子，將發生的事情一五一十地告訴他。

「坐下，」老師聽完後，對他說：「你就像是這只戒指：獨特且珍貴的珠寶。同樣地，只有專家才能決定你的價值。為什麼你一生都希望有人能發現你真正的價值呢？」

當我思考著這個故事時，老牧師專注地看著我。他指著十字架。

「祂是為你而做……那是你對於神的價值。**相信專家**，」他手指向上，一邊說著。

「對你來說，只有祂的想法才是重要的。祂知道你真正的價值是什麼。」

我同意地點點頭，決定下次來要帶著本子和筆來作筆記。

「的確，有時神會讓我們經歷一些看似挫敗的痛苦滋味，因為我們很多的挫敗就是看似如此，但卻不是真實的。而且即便如此，那還是有用的，因為那樣的感受會迫使我們去抓住禱告的方針，了解一個無上的真理，那就是只有神存在，只有神知道，只有神全能。」

「好棒的句子！」我說，反覆唸著：「只有神存在，只有神知道，只有神全能。」

蘇格拉底在人們讚賞他有天賦的智慧，認為他應該得到這樣的讚揚時，把這一點說得很簡單明瞭。這個希臘哲學家望著為他的智慧鼓掌喝彩的人群，然後指向上天，說：

「只有神是真正智慧的。」

當我在身後關上藍色大門時，天色已晚。天空中高高在上的雲朵是橘色的，較深色的雲層與之交錯，成為十字狀，透過它，閃耀出最純粹的藍。

遠處的犬吠聲提醒我此處以外的生命仍然繼續著，雖然沒有這個地方來得安靜或美麗，這裡的月亮——夜晚的女神——和茉莉花開始釋放出它們甜膩溫暖的香氣。

當我經過玫瑰花叢時，一朵在白色花朵中間綻放的紅色花朵吸引了我的注意。我傾向前去嗅它的花香，很驚訝同一個花叢居然可以開出這麼不一樣顏色的花朵。這朵花有特殊的香氣，比它旁邊的白色花朵還要濃烈。

我在空蕩的鄉野間走了一會兒，這景色對我來說並不可怕，反而不可思議地美麗。這地方完全安靜無聲，只有晚間第一批蟲子的蟲鳴聲點綴著。

我張開雙臂，舉向上天，身後黯淡的燈光在我面前鋪射出一個十字架的倒影，那是我自己的身影。

這份孤獨對我來說像是天堂的等待室。

我邊走邊敬拜著。先是沉默地，然後小小聲地，最後一股感動之情從我心中滿溢出來，忍不住叫出了「哈利路亞」，讓蟲子們都噤了聲。

連遠方的狗都不再吠叫。

眼淚和頌讚都混在一起，直到我回到家中。

「如何，親愛的？」我的妻子瑪麗問著，她看到我紅腫的眼睛，擔心地看著我。

我什麼都沒有對她說，只是抱著她好久好久。然後我推開她一些，看著她。她美麗的輪廓在我的眼淚中閃動著。

「很好，我的愛，」我說，然後再次抱住她。「非常順利。」

稍晚，瑪麗感覺比較平靜，就去休息了。現在我的平靜也是屬於她的，那晚她很安心地睡去。那一陣子，因為我的焦慮，讓她也好一陣子無法安心地休息。

很快地，她的一天就要開始了。辦公室早上八點整就要開門。

我晚一點才上床睡覺。我有很多事情要想。

心中充滿了喜樂，我打開窗戶。月亮渾圓白亮，讓夜空轉變成一個光亮的穹頂，窗戶下方的花園飄來清香的霧氣。

只有神存在，只有神知道，只有神萬能……只有神是真正智慧的。

我反覆念了許多次，直到我的每個感官都充滿了這強烈的信息。

流動在我身上奇妙的平和與喜樂，使我再次哭泣。而月光映在我的眼淚中，在一幅巨大的夜景油畫裏，形成一個閃亮的十字架形狀。

夜晚慢慢接近，溫度也漸漸下降。

最後，內心深處的某個東西開始甦醒。

第二個星期一

堅強的脆弱

只要窺探神的榮耀，就能拿掉我們胸前所有的勳章，

移除我們所有的頭銜，將我們從獎台上踢下來。

我整個星期都迫不及待下個星期一的到來。我幾乎一直在數著剩下的時間，直到我再次見到老牧師。

他跟上次一樣友善地歡迎我，當我一在他對面坐下來，他就用一種強烈莊嚴、卻略帶溫柔的眼神看我，然後開始說話，承接著我們上次見面時的種種細節。

「如同我上週一跟你說的，你非常有價值，但是你必須保持謙虛。」

我知道他的目的是要在他給我的建言中維持一點平衡。

「當你事奉神的時候，你會享有一些榮耀。然而要記住，在成功裡面，有一個非常毒的成分，你要小心不要因此沉醉其中。」

這句話讓我印象深刻，就像神本身用鑿子刻印到我心裡一樣。我必須很快地反應，才不會被它困住，因為老牧師口中還在繼續吐露智慧。

「有些人將他們的精力花在努力讓自己變得眾所皆知的愚蠢行為上，而且可能的話，他們想讓自己成名。那是多麼愚蠢！」

他的聲音中沒有憤怒。他是平靜地說出來的，但其中信念的強度很令人震撼。

「我從來都不了解那些努力炫耀自己能力和價值的行為。我們試著表現給誰看？我們的能力難道能讓神看得目瞪口呆？當祂選擇了一個人，那個人不必努力去展現他的天分，神自然會有打算。」

他說話的力道充滿感染力且振奮人心。

「我看過很多福音牧師都被成功的病毒所侵蝕，所以我知道，榮耀的味道就像酒精一樣：它容易跑進我們的腦海裡，讓我們為之沉迷。它會遮蔽我們的視野，讓我們醜態百出。這就是為什麼神容許我們在路上遇到阻礙、不阻止我們犯錯，因為我們最後的脆弱，其實會轉變為我們真正的力量。」

他的眼神中閃耀著一個完全信服真理的人想要急切分享的光芒。

「有件事比克服失敗還要困難。」

我疑惑地瞇了眼。**比克服失敗還困難？**我心想。對我來說，失敗就像是墜入一個沮喪的深淵。

「比克服失敗還困難的事，就是**克服成功**。」他強調。

他保持沉默，讓自己思考一下，也許是想給我回覆的機會。不過，他突然又繼續說：「明日成功的最大敵人，就是今日的成功。事實證明，每一百個在逆境中忍耐的人當中，只有一個能領受成功——我不是僅指經濟上的成功。那些成功的勳章，即使是你光明正大得來的，也可能轉而成為致命的負荷，沉重地壓在你的胸口。那些代表軍階的軍袖斜條，也可能會壓垮我們的肩膀，把我們壓倒在地。」

他再次堅定地看著我，對我說：「從你的失敗中站起來，但是不要讓你的成功打敗你。有時候逃離能帶來勝利，讓你感受到脆弱能帶來真正的力量。」

「你曾經感到脆弱嗎？」我問。

「你有所不知……」他笑了起來：「如果你能看到我的裡面，你會驚訝我曾受到多麼大的恐懼和顫慄。有些日子，我必須告訴自己一百遍上帝告訴使徒保羅（保祿）的話：『我的能力是在人的軟弱上顯得完全。』」（哥林多／格林多後書 12:9）

當我聽到他坦言相告時，想起自己多次看到那個人大膽地宣揚十字架的信息。他的話灌輸到我們身上，帶著一種完全清楚自己在說什麼和為何要這樣說的堅定性。

他在椅子上稍微坐起，問我是否可以告訴我另一則故事。在我說我很樂意聽之後，他開始說了：

很久以前，在一個由聰慧的女修道院院長所管理的古老修道院裡，有一百多位修女一起禱告、工作、事奉上帝，過著簡樸平靜的生活。一天，她們知道她們其中之一將會被派到外面去說道傳福音。在經過冗長的決議和詢問之後，她們決定要由克拉拉修女來執行這個任務，她是一位很優秀的年輕女性。她們指示她要研讀，所以克拉拉花很多年時間在修道院的圖書館裡解讀聖經古抄本，最後精通了其中奧祕的知識。當她結束她的聖經研讀時，她已經熟稔經典著作，她能解讀原文所寫成的手抄本，她也精通中世紀的神學傳統。她在修道院裡傳教，每個人都喜歡她的博學多聞和她智慧話語的洗禮。當她結束了佈道，克拉拉修女到修道院院長面前，問：「我可以出去傳道了嗎？」

老修道院長看著她，好像能讀出她的想法一樣，她也很高興克拉拉修女心中已經累積了成千上萬的答案。「還不行，孩子……還不行。」她回答。然後她指派她到花園去，讓她在那裡從凌晨工作到黃昏，忍受冬天凜冽的寒冷和夏天酷暑的炙熱。她撿拾石頭和雜草，細心整理葡萄園的每一株植物。她學習了等待種子長成，知道如何辨認汲取的樹液，何時是修剪栗樹的時機。她獲得了另一種智慧，但那仍然不夠。

修道院長又派她去跟農夫們說話。她聆聽他們在辛勞奴役工作之後的埋怨心聲。她聽到暴動的謠言，也激勵了那些受到不公平待遇的人們。修道院長叫她來，凝視著她，看到她的心裡充滿答案，而眼神裡充滿疑問。「時候還沒到，我的孩子。去禱告吧！」

克拉拉修女在山上的偏僻小屋裡花了很長的時間。當她回來時，她的靈魂已經煥然一新。「時候到了嗎？」她問。還沒。時候依舊還沒到。

然後鄉間發生了傳染病，克拉拉修女被送去照料那些病患。她很多個夜晚都熬夜沒睡，照料病人，也痛苦地為埋葬那些去世的人而哭泣。疫情結束後，她自己也因疲累和悲傷而病倒了。村莊裡有戶人家擔起照顧她的責任。她學習軟弱和謙卑；她讓自己能夠被愛，然後重新獲得平靜。當她回到修道院時，修道院長看著她，讀著她的靈魂，發覺她更人性化，也更脆弱了。她看起來很寧靜，腦海裡充滿答案、眼神中充滿疑問，而她的心裡充滿名字。

「時候到了，我的孩子……現在，去傳福音吧！」她告訴她。[1]

這個故事深深打動了我。

老牧師想要總結這個故事，他靠近我，非常緩慢地說：「如果她沒有決定變得脆弱、向她的生命低頭，那麼神一切的智慧和力量都不再重要。美國作家亨利・米勒（Henry Miller）說過：『如果神不是愛，祂就不值得存在。』」

他甩甩手，繼續說：「這個句子有它的意義，我也相信這是有道理的。那裡（他指著裝飾著他書房的許多十字架中的一個）並沒有奇蹟，沒有知識……只有一個殘破的軀體，從中流露、展現出四面完整的愛。那在極端的脆弱中，鑄造出了勝利。事情就是這樣，沒有其他的方式。孩子，如果我們想要成事，我們必須仿效祂。上帝並不汲汲於名利，祂也不會在名人雜誌中挑選祂的子民；祂喜愛運用能夠塑造的黏土容器[2]來成就祂的寶藏。我們越快了解呼召並非成為名人雕像，而是要成為講演的人，我們就越快能夠有所長進。」

我聽著他深刻的建言。

「在這個世界上，自我滿足是人們高度追求的特質；但在神的國度裡，它是一個真正的阻礙。神會幫助我們，直到我們感覺強壯，但我們的脆弱並不會從自我滿足開始。鮮少事物能發揮出像祭台上表現的羞辱那樣的影響，然而，將聖壇轉變成一個舞台，是很惡劣的行為。」

他沉默了一下，才又確認他所說的。

「有些教堂已經將他們的聖壇變成了舞台，」他指責道：「那是個很嚴重的問題。舞台是名人發光的地方，聖壇是上帝顯現的地方，這兩者是不相容的，我們必須擇其一：

1 西班牙文原創故事，作者為荷西．卡洛斯．培梅荷（José Carlos Bermejo），*Regálame la Salud de un Cuento* (Santander, España; Sal Terrae，2004), 74。

2 編注：此處是指像黏土一樣充滿可塑性的人，擁有這樣的特性，神才能將他塑造成更好的樣貌。

人性的名聲，或是神性的影響。」

老牧師用力地搖頭，幾乎將他的下巴從一邊肩膀轉到另一邊，表現他堅決的反對和穩固的信念。「聽那些自大的嘴巴說出簡單的福音信息，是可怕而荒誕的。」

「不要忘記了。」他回到他想要傳遞給我的中心思想，說道：「羞辱不是一個選項，而是事奉神的任何一個人所不可避免的必要條件。禱告也可以幫助我們。」

他再次指著地板上的跪墊，這次我注意到它們上面有他雙腿跪出來的裂痕。「禱告能提升我們的精神，同時也能讓我們腳踏實地。」

他想要讓這點更加清楚，所以又說：「我指的是真誠的靈性，而不是那些神祕主義的把戲。我看過禱告的學生以為自己比其他人都還要崇高。他們就像那些『騰空』的神祕主義聖者，驕傲地鄙視其他人，甚至膽敢批判他人。」他靠近我，好像一個要傾訴祕密的人，然後說：「我堅定地相信，沒有什麼比精神上的高傲還要糟的自大；那是最令人不恥的行為。你知道高傲會怎樣嗎？那就像口臭一樣，每個人都會察覺，除了他自己以外。」

我很喜歡他講完笑話之後的笑聲。

「那些變得高傲的禱告『迷』們，他們根本連神之子民的國度都看不到，就覺得自己比我們其他人還要高尚。高傲就像是刺進頭顱的髮夾，硬化且阻礙了神經。那些決定將自己全然交付給神的人是多麼不同！他們充滿生命地前來，同時也帶著羞恥心。只要窺探一點點神的榮耀，就能摘去我們胸前所有的勳章，拿走我們所有的頭銜，將我們踢下獎台。任何騎在驕傲肩上的人，他們揮舞著批判的刀劍，對所有人事物宣洩自己的成見，這樣的人一定還沒來到萬能的神面前，與祂面對面。因為不管是誰，只要來到神的殿堂，他對名利的渴望就會馬上被治癒。與神親近能使一切變得簡單。」

老牧師閉上眼，我想他正進入了禱告的獨特範疇。然後我知道，他並沒有將最美好的時光花在那張沙發上，而是用在那些殘破的跪墊上。因為他最好的視野並不在於書房裡那扇大窗戶所展現的景色，相反地，他跪拜時所看到的，是更為壯觀的景色，天堂的浩瀚草原。

我也閉起雙眼，相信今天所學的已經足夠。

我沒有對他提出任何疑問，但我帶走了一千個答案。我發現了一個簡單、卻能扭轉一切的關鍵：只有神是全能的，只有神知道，只有神有用。祂的能力在人類的肉體上清晰可見……在簡單的工具上，在謙卑的奴僕身上。

老牧師應該已經張開眼，也看到我的眼睛閉著，因為我聽到他的聲音，深沉而深切，提升成為禱告。他告訴神很多關於我的事情，內容又多又正確，讓我不禁覺得這位可敬的老先生在這段旅程中一直與我並肩同行。不僅如此，我了解他投身到我內心深處的可能性，了解我每一個感受，因為當他對神說話時，他仔細描述了我近幾天失眠的夜晚和疑問，也對神說出了我目前和未來的不確定性。

當他禱告時，神聆聽著。

我知道祂在聽，因為一種不一樣的空氣充滿我四周，就好像我在呼吸著全新的氧氣——純粹的，重生的力量。

當我離開他的房子時，夜色已降臨。

藍色的大門關上了，但我逛了一會兒，在溫和的夜裡感到愉悅。

我的目光落在小花園裡。樹的輪廓在黑暗中切斷了自己的影子，樹枝隨著溫暖微風的節拍搖擺著。

當我慢慢離開時，我注意到玫瑰花叢。我的好奇心讓我想找出上週看到的那朵紅色玫瑰花，而我很驚訝地發現有另一朵也開始綻放。

第二朵紅玫瑰開在白色玫瑰花叢裡。

當我到家時，我在書房的書櫥中尋找，找到了一個好幾週以來一直被我忽略的東西：一個過去我每天都用來跪拜的殘破跪墊。我將它放到地板上，然後雙腿跪到那被遺忘的墊子上。我閉上眼睛，讓天堂打開。

無庸置疑地，祂就在那裡，對著我微笑。

我將頭倚在祂的胸前，感受到幾乎可以觸摸到的真正平靜，從我的感官中流露出來，最後在我的靈魂裡安定下來。

第三個星期一

神的僕人或是教堂的行政者？

神對我們的生產力並不會比對我們的生活還感興趣。

祂愛我們的陪伴勝過於我們的成果。

這美麗的感覺持續了幾天，但那一週只過了一半，這感覺就開始消逝，把位置讓給了其他感受，這些感受還比它不愉悅很多。

我的日子幾乎一成不變地進行著：瑪麗很早就去工作，然後我也起身去工作。清晨時，我會坐在餐桌前，陽光會灑在我敞開的日程工作表上面，照亮上面密密麻麻的事務。閱讀一首詩歌和一個例行的禱告都更像是為了安撫我的良知，而不是為了與神連結，然而這兩件事本應是一天中唯一真正充實的精神交流。

其實情形並不是一直都這樣。

一段日子以前，禱告是我最重視的事。每天早上那是我最喜歡的時光，我會在第一道曙光下跪拜禱告，沉浸在喜樂之中：跟上帝說話，也讓祂對我說話。

然而，最近有太多事務剝奪了那個親密的喜悅。我禱告的時間現在充滿了組織的安排，對靈感的尋找也被計畫給取代。好笑的是，這些都只與神的事工有關，而不是跟我所事奉的神有關。我這麼忙碌地事奉祂，以至於沒有時間跟祂說話。

我一直為神「烹飪」，但我已經把神踢出了廚房。

不知不覺中，我已經不再是神的僕人，而是把自己變成了教堂的行政者。一個非常忙碌的行政者，他的日程表是打開的，但是他的聖經是關閉的。

曾幾何時，事奉是一種驕傲……而如今已不再是。現在，當我完成了一整天的工作，我不僅感到疲憊，也不滿足，並越來越失望。

瑪麗注意到了，她比我更期待下個星期一的來臨。

「你下週一會來嗎？」老牧師在我們說再見時，這樣問。

「我可以嗎？」我期待地詢問：「你不介意我再來嗎？」

「我懇請你來。」他用手搭在我的肩上，強調他的話。

隔週一，我停在藍色大門前，像病人要踏進醫院大門般，渴望找到解藥良方。

「歡迎！」

瑞秋臉上那永恆的微笑好像是用手刻畫出來的，同時也注入了完全的喜悅。她的眼睛在微笑。她的眼睛好像不只是為了看見，而是要點亮她的臉龐，讓她擁有自信的神采和令人能完全信賴的模樣。「進來吧！」她對我說：「外面好熱。」

「你們倆好嗎？」我說，間接地詢問老牧師的狀況。

沒看見他，讓我覺得很奇怪。

「嗯……」一抹淡淡的陰影似乎使她臉上的光芒黯淡了下來，但是很快又恢復原來的光彩。「這些天他有一點鬱悶，但應該不是很嚴重。」

「我希望不要打擾到他。」我沒有進門：「如果他不舒服，那我改天再來。」

「不，請進。」她對我說，並拉住我的手臂。「你的拜訪對他是好的。進來吧！他在他的房間裡。」

她往前走，引導我到他的房間去。

一張鮮豔顏色的圖畫吸引了我的注意，上次來我還沒有注意到它。

「這是什麼？」我鼓起勇氣詢問。

瑞秋把它拿了下來。「這是我丈夫喜愛的寓言故事，」她笑著說：「你已經知道他有多喜歡故事了。」

「我可以讀嗎？」

「當然！」她說，一邊把它遞給我。

故事內容是用白色的字寫在天藍色的紙張上：

> 一位遊客到一個小村莊裡遊覽，他來到一位有名的智者家中，很驚訝地看到他住在一個小小不起眼、充滿書籍的房裡。他唯一的傢具是一張床、一張桌子和一張椅子。
>
> 「你其他的傢具呢？」遊客問道。

「那你的呢？」智者反問。

「我的？」遊客驚訝地回答：「我只來這裡停留很短的時間。」

「那我也一樣。」智者說。

「這倒是真的。」我說，一邊把圖畫還給瑞秋。

「而且這是我們生活的座右銘，」她補充：「我們一直試著不要擁有太多負荷。你也知道，只擁有一點點東西，能讓我們更容易離開。」

我同意：「沒錯，想要躍起飛翔，越少的行李越好。擁有太多東西會將一個人重重壓住，使他無法起身看到高處的景色。范戴克（Henry Van Dyke）牧師說過類似的話：『快樂是在裡面的，不是在外面的；因此，它不在於我們所擁有的，而是我們真正的自己。』」

她若有所思地看著我，我感覺到她充滿誠意的友善。她又笑道：「你跟我先生有談到十字架，對吧？」

「是啊。」

「你可曾停下來想過，有多少東西蘊藏在十字架裡嗎？」

我想了想，回答說：「就像妳先生那天告訴我的，『祂……只有祂……除了祂沒有別人。』」

「沒有比十字架所蘊藏的寶藏更加豐富的了。要活得充足，我們真正需要的東西並不多啊！你不覺得嗎？我記得富蘭克林（Benjamin Franklin）說過，快樂不是成就於偶爾發生的幸運裡，而是在每天發生的小細節裡。」

「沒錯，就像托爾斯泰領悟以後所說的：『我的快樂在於我知道怎麼享受我所擁有的，而不是強烈渴求那些我所沒有的。』」

「很棒的想法。」瑞秋說著，同時把圖畫掛回牆上。

然後她往前走，打開書房的門。

老牧師正在禱告，雙腿恰恰跪在墊子上的跪痕裡。聽到開門聲，他轉過頭來。

「喔！」他奮力起身，有點激動。

他幾乎臉紅了，像個小孩一般害羞又高興的樣子，一副他被逮到做錯事情了一樣。

「原諒我，我沒注意到你拜訪的時間已經到了。我根本沒聽到你來了。」

「不要緊，」我上前給他一個擁抱：「你正在進行一件有意義的事情。你好嗎？」

我將手留在他的肩上，他看起來有點失落。「瑞秋跟我說，你這幾天不是很好。」

「沒什麼，」他微笑：「你知道的。只是年紀大的一些疼痛和病狀。」

「我給你們倒些咖啡來。」瑞秋說著，往廚房走去。

「我想喝茶，菊花茶，謝謝。」他說。

他在他的椅子上坐下來，做勢要我跟他一樣坐下。

「所以呢？」他傾向前，拍拍我的膝蓋：「你這一週過得如何？」

「上週一我離開時，整個人重生了；很不可思議，我居然可以吸收你教導我的真理。不過到了週三，那樣的感受便褪去……我想是因為那些匆促和緊急的事務。」

在一段長久、沉思的停頓後，他有些莊嚴地看著我。他的聲音打破我們之間那深深的沉默之井。

「問題在於，上週一你吸收了一小口，但是你必須每天餵食你自己，重新填滿你的儲存器，重新更新你自己。」

「我該怎麼做？」

「沒有比與上帝交流更好的資源了，」他用不可動搖的信心說著：「與祂同在的每一分鐘都能讓我們的能量飽滿，讓我們更強壯。」

「那並不容易，」我坦白說：「我有好多事情要處理，以致沒辦法把每件事都做好。」

我想到瑪麗……還有我與她在一起的鮮少時間，甚至有時必須因繁忙而拋棄她。

「有太多地方要照料了。你要是看到我的日程表……」

老牧師選擇忽略我不自覺用言語表現出的主觀自我，他只點點頭，表示了解。

「我不太明白為什麼今天好像無法不去想到我的朋友菲力普。」

「菲力普？」

除了耶穌的使徒，我不記得有個這樣名字的人，但是以老牧師的年歲，他不可能跟使徒同個年代。

「我們畢業於同一所聖經學校，」他解釋：「但他的成績比我優異，事業馬上就起飛。他是個不可思議的人，結合了教化的能力和實在的魅力。他輕鬆地一步登天，無人能擋，好像他注定就是要登上高峰，而最後他也成功了。他將最好的青春歲月致力於建立一個繁榮的教堂，在世界各地的大型集會中演講關於靈性生活的主題。」

老先生停頓了，我想是因為悲傷的關係。然後他繼續說：「慢慢地，他開始與家庭失去聯繫。他的妻子變得冷漠和孤僻，她覺得上帝和教堂奪走了她的丈夫，因此打擊很大。一天，菲力普與他年輕的祕書產生了婚外情，他動了情，那卻是個遺憾。當我質問他時，他悲傷地對我說：『幫上帝做事讓我疲累不堪，這些過重的工作負擔讓我變得脆弱，幾乎毫無防備。當誘惑出現了，我沒有力量去抵抗。我無法相信自己所做的事。我無法相信我居然跟另一個女人有染……我相信宗教組織已經變成了一種事業，但它距離上帝卻很遙遠。』」

老牧師閉上眼睛，他的動作因為痛苦而畏縮。我聽了非常訝異。不過，他繼續講他的故事：「當他的妻子發現這段外遇後，離開了他。他在書房裡淚流滿面，懺悔自己所做的事：『我願意用任何東西交換，讓時間倒流。我將所有精力投注在宗教組織中，並且成功卓越，卻忽略了自己與所事奉的神之間的關係，以及應該在我的事奉中與我並肩同行的家庭。』」

我噤聲不語。這個故事太震驚了，如此令人痛苦，卻又這麼具有啟發性。我甚至沒發現他在看著我，直到聽見他問：「你花多少時間禱告？」

這個問題很直接，幾乎不太恰當。我必須坦承，這個問題讓我覺得很不舒服。

「嗯……」

我不想對他說謊，但事情的真相很難堪，也有點尷尬。

「盡我所能。」

他很清楚該怎麼解讀我模稜兩可的答案，他知道我的禱告生活生病了。也許甚至已經成為一具死屍。

「沒有任何事，」他用令人難耐的緩慢速度重覆，強調每一個音節：「絕對沒有任何事情比花時間與上帝在一起更重要的了。只有那些時光才能讓我們一直擁有柔軟的心。它能引導我們、調和我們，在我們生活中培養出成長的因子。」

這段令人難以反駁的堅定字句讓我築起了防衛。

「我很想有時間可以禱告，」我很誠懇地這樣跟他說：「但我必須兼顧許多領域。」

「很久以前，有個木工，出現在一間木材工廠裡……」

老牧師毫無預警地開始了他的一個故事，所以我也準備好專心聆聽。

……他的薪資很好，工作環境也很好，所以木工決定當一個好榜樣。第一天他把自己介紹給工頭，工頭給了他一把斧頭，指派他到森林的某個地點去。那個人很興奮，到森林去工作，而且在一天內砍下了十八棵樹。

「恭喜，」工頭告訴他：「保持下去。」

受到工頭的激勵，木工決定隔天要做得更好。所以他那晚很早就上床，隔天比任何人都還要早就起床，然後起身到森林裡去。他很努力地工作，但只能砍下十五棵樹。

「大概是太累了……」所以他決定太陽下山就上床就寢。當凌晨到來，他決定要打破十八棵樹的紀錄。然而，那天他連一半的數目都無法達到。隔天，他只砍下七棵，然後五棵，最後一天他花了整個下午的時間，砍下他的第二棵樹。他擔心工頭會不滿，就先跑去告訴工頭他發生的事情，且發誓他已經盡力了。工頭問他：「你上次是什麼時候磨利你的斧頭的？」

「磨我的斧頭？我沒有時間。我太忙著砍樹了。」[1]

他沉默了一下子，然後繼續說：

「當斧頭磨鈍了，我們必須花雙倍的精力才能獲得一半的成效。」

他堅定話語中的每個字都充滿信念和溫和。

「有時候，最聰明的做法是停下來，中斷樹木的砍伐，磨利斧頭。那樣做才能事半功倍。禱告，與上帝說話，與祂進行親密的交流，才能讓我們再次磨利斧頭。」

「難道你要我放棄我的責任，整天跪著禱告嗎？」連我自己都很驚訝，怎麼會用這

1 西班牙文原創故事，作者為柏雷咖（A. Cruz Beauregard），*Cápsulas Motivacionales*（Editorial Diana, 1988）。

樣無禮的態度質疑他。

「非也非也。」他堅定地說，但沒有絲毫的苛責：「並非要忽略我們的份內工作，而是讓這些工作沉浸於禱告中。」

他靠回座位，閉上雙眼一陣子，沒有睜開眼睛繼續說：「我們可以沒有禱告地工作，也可以在我們禱告的時候工作，讓每個地方、每個工作分派、每個活動都充滿著神的同在。那會將工作轉變為服事，將我們的活動轉換為有用的事工。」

他張開雙眼，將手搭在我肩上，確定我有注意聽。

「在你事奉的時候禱告，在你禱告的時候事奉。那**外在**看似靜態的禱告，事實上釋放著有力的行動。與神同在的每一分鐘都能產出偉大種苗，形成我們生命中的每一秒。最重要的是，先將注意力放在上帝身上，而不是在人身上。那樣的話，當你站在他們面前，你將會有寶藏可以分享，而那些才是最珍貴的，孩子。」

他再次用親暱的稱呼，讓我越來越喜歡。

「從上帝內心所取得的豐富資源，從祂口中所聽到的句子，祂與我們分享的事工……那些才是能給予我們生命、讓事情有所不同的關鍵。」

「好吧，很合理，」我明白了：「意思是讓神進入到我所做的每件事情裡。時時刻刻與祂說話，將我自己交給祂。」

老牧師專注地看著我。

「我們事奉神的人，常常混淆了成功和勝利。我們試著達到偉大的成就，卻忘記了神愛我們，並不是因為我們所做的事。如果你目前佈道的教堂有所成長，也將成為世界上最大的教堂，神不會因此愛你更多……但如果教堂因為缺少信眾而要關閉了，祂也不會少愛你一點。當我們專注於成功，我們把它與勝利混淆了。基督活著並沒有急於吸引眾人，但是當有群眾聚集在他面前時，他面對他們的方式，會讓許多人轉身離開。十字架？有很多人聚集在它腳下，但我們不會因此高度重視它的成功；十字架是任何人都無法達到的最大勝利。**成功**是事業世界上的辭彙。**勝利**是用在戰爭上的詞。」

他一如往常地傾向我，確認我全然專注著。

「我們做的不是一番事業，而是一場戰爭。上帝愛祂的士兵，遠勝於結果。」

他吸引了我全部的注意力，他大概也注意到我想要繼續聽下去的渴望，因為他又說：「我再跟你講一個故事。」

他將聖經放到椅子旁的小桌子上，開始說：

很久以前，一條河邊有一棵樹，有一個小男孩非常喜愛它。那個小男孩常常去看那棵樹：他會爬上樹幹，拉著樹枝盪來盪去，吃它的果實，然後在它的樹蔭下休息。在一段很長的友誼關係後，小男孩搬走了，讓這棵樹孤單了很久。直到有一天——一個美好的一天——那棵樹望向遠方，看到一個年輕男孩的身影靠近它。滿溢著歡喜，大樹告訴他：「來這裡，我的朋友，爬上我的樹幹，在我的樹枝間擺盪，吃我的果實，在我的樹蔭下休息；留下來陪我。」

那個小男孩如今已成為青少年，他告訴大樹：「我已經不是那個只會玩耍的小男孩了。我長大了，需要金錢去買很多東西。」

「很抱歉，」大樹傷心地說：「我沒錢，但如果你想的話，可以爬上我的樹枝，摘下果實。你可以把果實拿去市集賣，這樣你可以得到錢，去買你想要的東西。」少年並沒有讓大樹講第二遍的時間。他爬上大樹，將所有的果實都摘下。這些果實的重量讓他幾乎彎著腰，最後他消失在遠處，沒有再出現了。

大樹形單影隻了很久。幾年後，它看見它的老朋友來了，而現在，他已經是個男人。充滿著喜悅，大樹歡迎他：「來這裡，我的朋友。像以往一樣地跟我玩。爬上我的樹幹，在我的樹枝間擺盪……留下來陪我。」

「不，」男人回答：「我太忙了，沒時間玩。現在我要結婚生子了，但是我需要建造一個房子來居住。」

「很抱歉，」大樹說：「我沒有房子可以給你。我的房子就是這座森林。但是，如果你要的話，你可以爬上我的樹幹，砍下我的樹枝。用這些樹枝，你可以建造一個可以與你的家人居住的房子。」大樹根本不用等他回答。很快地，男人消失在遠方，身後拖曳著滿滿的樹枝，不再出現。再一次，大樹又落單了。

多年後，它遠遠看到一個男人的身影，認出了它的老朋友。它再次充滿歡喜。

「這次你會留下來嗎？在我的樹蔭下休息。留下來陪我。」

「不，」男人說：「我覺得很孤單，我想要到一個遙遠的國家去旅行，去見見不同的人。但是，我沒辦法去。」

「我很抱歉你不開心，我不確定要怎麼幫你，因為我已經所剩不多，但是如果你要的話，你可以砍掉我的樹幹，做成一艘船。旁邊的河流可以載你到你能找到快樂的土地去。」男人不敢相信，他居然找到方法實現夢想。所以他開始工作，建造了一艘船，開始了他的旅程。

大樹的殘幹被丟下，孤單了很多年。直到有一天，殘樹看見遠方有個老人緩慢地走來。當老人接近時，殘樹仍可在他臉上認出好幾年前那個小男孩的模樣。殘樹語氣中帶著悲傷，小聲說：「抱歉，我的朋友，我沒東西可以給你了。我沒有果實可以給你吃，沒有樹幹給你爬，也沒有樹枝可以讓你擺盪。」

「謝謝你，」老人回答：「但我已經什麼都不需要了。我只是在找個可以坐下來休息的地方。」

「這樣的話，」殘樹高興地回答：「在我身上坐下來休息吧！」

老人終於留下來陪大樹，且找到了安息。2

「你喜歡這個故事嗎？」老牧師問。

「老實說，我不喜歡故事中的那個人。」

「你覺得那棵樹給他的，是他應得的嗎？」

「絕對不是！」我堅決地回答。

「那是恩典，」他說：「是不勞而獲的禮物。這個故事的寓意，在於上帝渴望與我們同在。我們把重點放在『為上帝做事』，但祂並非因為我們為祂所做的事才愛我們，而是因為**那是我們**。上帝並不專注於我們的生產力，而是專注於我們的生活。他愛我們的同在，遠勝於我們的成果；祂想要朋友，更勝於僕人。神更樂意見到乾淨的雙手，遠勝於裝滿東西的雙手。你記得〈約翰福音〉（若望福音）第十五章第十五節裡耶穌所說的話嗎？『以後我不再稱你們為僕人……我乃稱你們為朋友。』當我們在祂的樹枝間擺盪或在祂的樹蔭下休息時，對我們來說是神奇的，而對祂來說是愉悅的。我們太常把神當作要求很高的老闆，等著看我們的成果，但其實祂是位慈愛的父神。事實上祂是如此慈愛的父神，祂很喜歡跟祂的孩子們在地上爬，與他們同樂歡笑，笑到祂的肚子疼。那是很不可理解的，卻是可能的。」

他沉默了一會兒，然後將臉轉向我。

「我們可以跟耶穌的母親馬利亞一樣，與祂很親近，看著祂做工、流汗、進食、歡笑或哭泣；聞著祂的氣味，觸摸祂木匠長繭的雙手。而且知道祂是救世主。偉大的主，萬王之王。你一刻都不能懷疑。上帝愛我們的同在，遠勝於愛我們的事工。」

「那棵樹怎麼會有力量能夠一而再、再而三地給予？」我無法甩掉我對那個男人的反感和對那棵樹的同情。

2 故事的作者為席爾佛斯坦（Shel Silverstein），*The Giving Tree*（New York: Harper & Row, 1964），西文譯本作者為荷西·卡洛斯·培梅荷，*Regálame la Salud de un Cuento*（Santander, España; Sal Terrae，2004）。

「那人垂涎那樹的好處，但那樹渴望那人的陪伴；為了要取得友誼，它給了那人它的一切。」

「那就是愛！」我推論。

「恩典就是愛的表現，那樹有愛，因此它給予的不僅是它擁有的，而是它的全部。它獻上它自己。我們可能沒有愛而給予，但是完全不可能沒有給予而愛……」

「到最後，」我打斷他：「孤單的老人在樹上坐下，找到安息。」

「沒錯！那也是十字架的訊息，」老牧師說道：「我們可能來到它面前找尋好處，但是真正的好處並不是去看它才能得到，而是要在那裡留下來。」

就在這時，瑞秋端著咖啡進了書房。「你們的下午過得如何？有建設性的對話嗎？」

「嗯，」老牧師回答：「我正在用我的故事騷擾我們的朋友。」

「不，一點也不，」我回答：「我喜歡聽他說。」

「你真的喜歡嗎？」瑞秋笑了：「好吧，那麼，現在就聽我說吧！」

然後她坐好，準備開始說故事。我也舒服地坐好，準備聆聽。

一個聰明的希臘人在探索新土地。他對自己的哲學和科學知識感到很滿意且很自豪。一次，他需要過一條河，所以上了一條船。老船伕很有節奏地划著槳，兩眼無神地望著河水。然後聰明人問他：「你懂天文嗎？」

「不懂，先生。」

「那麼你輸了你生命的四分之一。」

「你懂哲學嗎？」

「不懂，先生。」

「那麼你輸了你生命的四分之一。」

「那你至少懂古歷史吧！」

「不懂，先生。」

「那麼你輸了你生命的另外四分之一。」

這時，一陣強風強勁地搖晃了船隻，將之翻覆，兩個人都跌落水裡。船伕不費吹灰之力就游到了岸邊。當他抵達岸邊，他看到聰明人絕望地在水中擺動著雙手。河面漲得很高，水流很湍急。

「你會游泳嗎，我聰明的朋友？」

「不會！」他絕望地大吼：「我不會游泳！」

「那麼，你輸了你生命的全部。」3

「這是個很棒的故事！」我鼓掌。

「而且裡面蘊藏著巨大的真理。」瑞秋解釋道，感覺到我的讚美：「人生活在世間，憂心著很多事情，但只有一些事是真正必要的。」

當我離開房子時，一陣微風吹動了我的頭髮。樹上最高處的樹枝搖擺著，玫瑰花叢的長花莖也在搖擺著，其中一枝是剛綻放的新鮮紅玫瑰，旁邊有一朵新的花苞即將綻放，露出一點點深紅色的花瓣。

我輕輕地觸摸了它們，小聲說：「恩典是獲得我們所不應得的；恩惠，則是未獲得我們所應得的。」

我啟程回家，思索著老牧師從瑞秋的故事中所指出的想法。

「你說對了，真正重要的事情很少。可悲的是，那些事情都不被大多數人擺在優先順位。」

我想問他，**那些很少的事情是哪些**？但是我已經知道答案了。

「不可少的只有一件，馬利亞已經選擇了那上好的福分。」老牧師引用了〈路加福音〉

第十章第四十二節中馬大（瑪爾大）和馬利亞的場景。

「坐在耶穌的腳邊才是第一優先的事，對嗎？」

他同意地點點頭，然後說：「瞻仰祂……聆聽祂……那是真正的喜樂。」

這是老牧師成功的地方，他明智的選擇，也是他和妻子能夠從他們肌膚的每個毛細孔都能散發出真誠生命的原因。

我忍不住走回到藍色門口前方，凝視著玫瑰花叢。我從來沒有看過這樣堅韌的莖，開出如此獨特的玫瑰。我相信那些花蘊藏一個信息，但我並不急著要解開這個謎。

新月幾乎讓一切都陷入一片黯淡，但下方的陰影只是更襯托出上方的耀眼光芒，讓我看見點綴著滿天星斗的天堂是多麼絢爛美麗。蒼穹中的每道光芒都像寶石一般，好像神在宣告著祂對我的愛。

老牧師在我們說再見時對我說：「關鍵不在於你事奉的內容，而是你事奉的對象。你有兩個選擇：事奉神或是為教堂工作。這兩者是不一樣的。」他堅定地將頭前後搖擺：「甚至是大不相同。不要為神工作，要陪神一起工作。而那樣的親密關係，」他闔

3 荷西．卡洛斯．培梅荷，*Regálame la Salud*。

上眼，好像正愉悅地品嘗著：「可以驚人地更新、激勵你。為神工作會讓你成為教堂的職員，但是陪神事奉會讓你成為你所愛的祂的合作夥伴。你會愛祂，且不會想要為其他人而活，或是把自己獻身於其他事情。在那個時候，你將不只會很活躍，而且將會很有效率。」

我緩慢地走路回家，心卻跳得越來越快。我想著神，發現我真的愛祂。然後我想到事奉祂，過去那些戒慎恐懼的日子並沒有困住我。

現在我所有的感受很像初戀時光。

我閉上眼，喃喃自語。我想著十字架，象徵著祂的愛。

我感覺自由且受到寬恕。在一個永恆的一瞬間，我經歷到看似永不會結束的純粹的喜樂。

我隨即開始又笑又哭，像個墜入情網的人兒一般。

第四個星期一

最沮喪的事

愛他們。即使是那些鄙視你的人……特別要愛他們，

因為那些最不應得的人，才是最需要愛的人。

整個星期，我將老牧師的忠告付諸實行，很棒的是，這方法真的很有用。我用來當作祈禱台的跪墊並沒有被收回到櫃子裡。相反地，它留在我椅子旁的地板上。

每當瑪麗去上班以後，我都會跪在墊子上，直到我上班的時間到來。當我跪在那裡時，我覺得我的感受和日子都變得有秩序起來。

那些時光並非充斥著超自然的經驗、發抖或是顫慄。那是一個神聖的時刻，將光明帶給一切，調和每一天。

那個星期三瑪麗忍不住說：「親愛的，我看到你改變了。你現在平靜和快樂多了。」我將她擁在懷裡，溫柔地親吻她。親近神，重新更新了我對祂的愛，因此也影響到我和其他人的人際關係：我對待妻子的方式不同了，整體說來，我對生命有更好的看法。我發現愛著神的生活就像是站在高處，看待一切和每個人時，都會有全然不同的視野。

但很不幸地，生命不是只有光明的地方，它也有陰影，而一個人或任何人生活中最棒的時光，通常都很遺憾地非常短暫。如果可以的話，誰不想拷貝這份美好，複製它，讓它成為永恆？

那也是我的渴求——我會帶著那個星期的感受，期待在下個星期一到來時興高采烈地回去——要不是遇到星期五那件令人沮喪的事的話。

星期五，當我們在進晚餐時，電話響起，我妻子去接電話。

過一會兒，她回來了。

那時是傍晚，突然一片漆黑籠罩了我們。瑪麗面色蒼白，站在那裡，手裡握著無線電話。她的樣子嚇到我了。她蒼白地像蠟一樣，她臉上的表情表現出極大的苦惱。

我很擔心，把電話從她手中拿來，告知對方我是誰。電話那頭的聲音流露著怨恨。那是個巒親近的朋友，最近我們發現他怪怪的。而現在，他連招呼都不打，直接在電話中將所有的不滿傾洩而出，選擇用最傷人和羞辱的文字。他先對我妻子這樣，讓她處於很難過的狀態，現在他對著我發洩，強迫我聽他一連串不公平的控告，最後總結：「你永遠都休想再傳道給我或我的家人。」

他發洩完後立刻掛上電話，讓我連回覆的時間都沒有。我驚魂未定。

我盯著那傳遞出惡毒話語、打擊我靈魂的無線電話，最糟的是，這些話也打擊到了我的妻子。

我看看她。

瑪麗的臉上浮現驚訝的表情。在她凝視我的眼裡，我可以讀到很多問題：「為什麼？」、「為什麼他攻擊我們？」、「為什麼他控告我們？」、「為什麼他羞辱我們？」、「為什麼？」、「為什麼？」、「為什麼？」

瑪麗跌坐在椅子上，我則掛上電話，並在她面前坐下。她用手埋住臉，哭起來。

我用盡所有力量想給她激勵的話語，但一個字也說不出來。我突然從激憤轉為喪氣，突然覺得好累。我沮喪地望著地板，瑪麗繼續哭泣。

桌上的食物涼了。

然後，我的雙眼看到我們房子客廳中心點的十字架，一個空泛的十字架……但充滿著信息。在那個時刻，孤獨的十字架開始對我述說曾被釘在那上面的那一位所遭受的辱罵。

「不公平」可以用來形容羅馬司法將祂釘死在十字架上的行為。祂所遭受的待遇、祂所承受的每個打擊都是不公平的。那個槌子敲打著刺穿祂身體的釘子是不公平的，那些辱罵和口水……都是不公平的。

就連從將要被不公平處決的祂口中所湧出的訊息也是不公平的：原諒他們。

「公平」應該是要將他們全都處死。但那個故事不是關於公平正義，那是關於憐憫。

原諒他們……我沉思著，感到越來越激動。原諒他們……原諒他們……

突然間，我禁不住抱了妻子，輕聲在她耳邊說：「原諒他們……原諒他們……」

我濕潤的臉頰緊貼著她也溼透的臉頰，我的雙眼仍凝視著十字架，而我的心吸收著這個信息：原諒他們……這些字，反覆了一千次後，在我的靈魂裡注入了平和。

原諒他們。

然而我必須坦承，那晚我幾乎沒睡。只要閉上眼，電話事件就又浮現，頑固地在我的記憶邊緣探出頭來。羞辱的回音在我的腦海中迴盪著，強烈得讓我吃驚。

夜晚很長也很痛苦，我的心控制不住地逃向那充滿斥責和怨恨的黑暗天際。我試著將我的心帶回地上，將它回歸到寬容的土地上……我努力試著，但無法辦到。

厭倦了翻來覆去，我在黎明前很早就起床。我洗了洗因失眠而腫脹的雙眼，看看鏡中的自己，看到靈魂的某處築起了一道忿恨的牆。

我知道不能帶著忿恨事奉，所以我想，最好是停止事奉。

於是痛苦開始真正地撕裂我的內心。

到老牧師家拜訪，像是在一片驚濤駭浪的汪洋大海中找尋一座光明的燈塔；我拖著殘破的船隻，到達那避難所一般的藍色大門。

「嗨！請進。他正在休息。」瑞秋看起來不好意思地說：「你想要喝點什麼嗎？先等他醒來吧！」

我發現她眼裡有一抹哀傷，這很不尋常，就如同老牧師在這個時候睡覺也很不尋常一樣。

「不用了，謝謝妳，瑞秋。」我說著，指指整理得很好的花園：「我就在這裡走一走吧！這花園很迷人。是妳在照料它嗎？」

「我盡量。」她謙虛地說：「那些植物很棒。花園很小，不用太費工夫就能維持。」

我們花了好些時間走走逛逛，她一邊解釋著每一株植物的特性和細節。

「好了，」她最後跟我說：「我想應該是時候叫醒他了。不然，他今晚會睡不著。」

我跟著她，當我們經過客廳的時候，一本比平常尺寸還大很多的日誌攤開放在桌上，吸引了我的注意。我鼓起勇氣問她：「這是什麼？」

「這是他的禱告日誌。」她回答，然後笑著補充：「一份很特別的禱告日誌。上面有列出那些在我們事工過程中，對我們攻訐最多的人，我們幾乎每天為他們禱告。我的先生總是說，那些傷害我們最深的人，才最需要神。所以我們用雙倍的禱告幫助他們。此外，他說如果他為那些傷害我們的人禱告，這樣他就不可能對他們有邪惡的感覺。當我們禱告時，他總是說：『蠢蠢欲動的怨懟在它誕生之前就夭折，取而代之的是甜蜜和寬容的愛。』」

我驚奇地看著那日誌，而我妻子的身影——臉頰埋在雙手裡，跌坐在椅子上——在我意識的表面搖擺著。

瑞秋又說：「放心，我當然花了很大工夫去接受要為傷害我們的人禱告這件事，但一旦我真正去做了，發現還真的有用……」

「嗯，我會的！」

老牧師的聲音嚇到我們倆。我們同時轉過頭去看他。

「所以你們在講我的禱告日誌。」

「你好！」我對他說，並給他一個擁抱。我發現他看起來有些低靡。「原諒我的魯莽。我看到這份日誌，問瑞秋這是什麼。我真的很驚訝，你為那些傷害你們倆的人寫了一份禱告紀錄。」

「你很驚訝嗎？」他的語氣異常嚴肅：「我很快就明白，一旦我不再愛他們，我就必須停止事奉他們。用對的心態去事奉你不愛的人是不可能的事。如果用怨懟去伺候他們，只會摧毀他們。」

他停頓，但只有一下下的時間。然後為了突顯重點，他強調了每一個字，一邊擺動著食指：「基於傷害所說出來的話語是有毒的箭，而從怨懟出發的行動是致命的鏢。」

我打開日誌，用指尖翻閱，瀏覽著頁面。總共有十多頁手寫頁面。幾年來，這清單上又加進無數的名字。這些攻擊者的名字，用他們的傷害，換來了祝福。

老先生嚴肅的語調嚇到了我：「他們是會傷害你。不要懷疑，他們會傷害你愛的人，但是當那發生了，不要將你的忿恨發洩在人們身上。親近神，對祂訴說，讓自己充滿那使耶穌去愛那些攻擊、羞辱，最後殺了祂的人的感受。看看十字架。沒有人像上帝一樣地愛人，也沒有人像祂一樣地被憎恨。」

我花了幾秒的時間，反覆想著他的話：

他們是會傷害你……他們會傷害你愛的人……不要將你的忿恨發洩在人們身上……看看十字架。沒有人像上帝一樣地愛人，也沒有人像祂一樣地被憎恨。

「我不是上帝。」

我這個失禮的答覆，大概是因為那個星期我所經歷的讓我變得非常敏感。為緩解緊張的氣氛，我補充道：「我覺得，要去愛那些如此不公平地傷害我們的人，真的很難。」

他看看我，有點被我激烈的反應驚嚇到，然後微笑著問：「是不是發生什麼事了？」

我低著頭，雙眼凝視著地板，解釋道：「這個星期，我和我妻子受到很不公平的對待。我感到非常沮喪，而瑪麗到現在仍然覺得很不舒服。」

瑞秋很聰明地迴避，說她有些事得去做，而老牧師則將手放到我的肩上，指引我到他的書房裡去。

「是這樣的，」他邊說邊坐到他的椅子上，我則在他面前坐下：「事奉他人，指的是要打開你的心去愛人；那會讓我們變得脆弱。你愛得越多，就讓自己越是不堪一擊，因為，愛人代表著讓我們的心成為我們所愛之人的靶心。愛人，也代表著寬容。」

那些話蘊藏著很深的真理，但是塞在我內心深處的失落，對我來說卻放大得更多。再加上前幾個星期以來的感受，我就這樣迷失了。

「這幾天晚上我都沒有好好休息。」我告訴他，然後又說：「當我很清醒的時候，我會受到一些可怕想法的騷擾。事實上，我已經花時間在考慮了，我認為我沒資格再留在我的教會佈道。我不覺得我愛他們，他們也不愛我。我這樣盲目地滿足那些自己無法勝任的工作，已經傷害到我的妻子……甚至我根本沒受到呼召來承擔這些責任。我的工作，別人可以做得比我好很多。我只是想要對神真誠、對人真誠、對我妻子真誠。我只想要一切都好好的！」我異常大聲地反覆著：「這根本行不通！」

就像為了回應我靈魂中的風暴，突然一陣強風在花園裡颳了起來。樹木搖曳，巨大的橡樹因為被持續幾陣風吹襲，落下好多葉子。

「可憐的瑞秋。」老牧師感傷地說，一邊望著地上那被風捲起的落葉漩渦：「她昨天才花了一整個下午打掃花園，現在你看，才幾秒的時間，花園就變成這樣了。」

「我感到很抱歉。」我語帶關心地回答，一邊驚訝這麼瑣碎的小事居然會比我的大問題還要重要。

「你能不能好心幫忙掃掉這些葉子？」

我凝視著他。現在我不是驚訝，而是困惑。

「當然！」我還是答應了，然後拿起他指給我看的掃把，走到外面去。

當我成功把一些葉子掃成一堆，隨後又來一陣風，把它們都吹散。

十五分鐘之後，我還是絲毫沒辦法清掃。

老牧師打趣地看著我，好像在欣賞我的困難和我越發激昂的脾氣。最後，他對我招手示意，要我回去他身邊。

「我們回去書房吧，風越來越涼了。」

他走在我前面，然後很快地，我們又面對面地坐著了。

「你剛剛沒什麼辦法吧？」

「在風停下來之前，去掃那些葉子是沒用的。」

「完全正確！這就是我想要告訴你的。在風還沒停止之前，最好不要下決定去重新安排我們的生活。」

「你的意思是什麼？」

「聖奧古斯丁（Augustine of Hippo）這樣說過：『不要在暴風雨的時候做改變。』」

然後他繼續解釋給我聽。

「今天你跟我說了你在夜晚時所做出的決定，而那些決定會影響到你的未來和你妻子的未來。聽我說，」他銳利的眼神穿透了我的心：「靈魂黑暗的夜晚、暴風雨的時刻、讓我們顫抖的風……這些是我們必須遵從和信任的時候，但不是做決定的時候。」

「但是，只是……」

「沒有一個決定，」他用不尋常的堅定打斷我，用絕對的信念反覆說：「沒有任何一個在深夜做下的決定，到最後會是正確的。無眠的黑暗會讓我們無從選擇正確的道路。

要停止、休息、信任，等待黎明的到來。」

「他們已經對我們造成無比的傷害，」我堅持抱怨著：「他們很可怕、不公平地對待我們。我們所做的一切都只有愛他們、事奉他們，而現在，看看他們怎麼回報我們……」

「你想要讓所有人都跟你保持距離嗎？」

「那會是一種解脫。」我因為受傷而承認。

「如果可以的話，你會在他們與你的房子中間築起一道高牆嗎？」

「我想我會，因為……」

「在你設下生命中的圍欄之前，」他堅持地打斷我：「在你築起牆之前，確認你知道你所留住的是什麼，並記得你同時也將東西留在牆外。」

他微笑著看我困惑的表情，然後說：「聽聽這個故事。」

一天，一個年輕人到了一個城鎮的中心，大聲宣稱他的心是整個地區中最完美的。很多人圍觀，他們都景仰他，也同意他的心是完美的。他的心沒有任何污漬或刮傷。是的，他們都同意他有一顆他們從未見過的美麗的心。年輕人受到這些讚美的激勵，叫喊得越來越大聲，宣稱他的心是美麗的。

一個小女孩走上前，說：「我看過一顆比你的心還漂亮的，就是那位老人的心。」他們很驚訝地走向老人，看他的心。雖然它很有活力地跳動著，但是它充滿傷痕，甚至有些地方少了一些，用其他部分來填補，然而一點都不適合。它們看起來粗糙不平整，周圍不規則。事實上，有些地方還有洞，缺了很大一塊。

年輕人看完老人的心，開始大笑。「妳是在開玩笑吧！」他對小女孩說：「拿那顆心跟我的比。我的是完美無瑕，而那顆心卻只有一堆傷痕和傷口。」

「老先生，」他鄙視地對老人說：「為什麼你有顆殘破不堪的心？」

「我的心是殘破不堪。每道傷痕都代表著一個人接受到我的愛。我撕下自己心的碎片給那些我愛過的每個人。同時，他們也給了我一塊他們的心，我就拿來填補自己心上的傷口。因為這些碎片的尺寸並不同，所以造成粗糙的邊緣。但是，這讓我很快樂，因為它們讓我想到我們所共享的愛。有時候，我將一塊心給一個人，但那人並沒有因此給我他的一片心。這就是為什麼上面有空缺的洞。把愛給出去是很冒險的；但是儘管這些空下來的洞會痛，他們還是讓我想到我得繼續愛他們，因為也許有一天，他們會回來，填補那些缺口。」

年輕人被他的話打動，看了看老人，然後看了看小女孩。小女孩說：「你明白為什麼我說這顆心比你的還漂亮了吧？」

年輕人不說話，眼淚沿著兩頰流下。他走近老人，從他完美無瑕的心上撕下一塊，送給他。老人接受了，將它放在他的心上；然後，他取下一塊自己的心，儘管已經很舊又殘破，把它覆蓋在年輕人心的缺口上。那片心很適合那個傷口，但並不完美無缺。因為那些缺塊並非一模一樣，所以你還是看得出缺陷。年輕人看看自己的心，它已不再完美無瑕，但是它看起來卻比以前還要美麗得多。

「我比較喜歡這樣。」小女孩說著，擁抱了年輕人。[1]

老牧師的故事說完了。這故事同樣有個總結的寓意。

「你覺得呢？」他問：「合理嗎？愛別人的生活是比較好的，你不同意嗎？連達賴喇嘛都一針見血地說：『如果你想要別人給你幸福，你就要憐憫。如果你要自己的幸福，你也要憐憫。』

「愛著別人而活是比較好的，即使這樣做你必須付出很高的代價，」老牧師安慰我：「看看那十字架，那個地方展現出最美的心……那顆心卻遭受了無比的傷害。」

「你覺得這樣合理嗎？」老牧師問。

他無疑地知道，這天下午的談話完全正中我的痛處，因此他又說：「你願意愛那些鄙視你的人嗎？」

他將手放到我的下巴上，讓我抬起頭來，好讓他能直視我：「特別是那些鄙視你的人。他們才是最需要的。千萬別暗藏怨懟，因為怨懟會轉化為怨恨，最後毀了你。」

我又低下頭，思考剛剛聽到的。

我想馬上跑回家去與瑪麗分享，但老牧師還有事情要告訴我：「那些事奉別人的人，會知道有些人是很難去愛的。一個僕人的理想典範的確是要體諒一切，愛所有人、寬容所有人和治癒所有人。」

他微笑，好像是要安撫我，然後又說：「然而，這個理想卻跟現實有正面衝突。無疑地，有些人會激發出我們的敵意，但是有個毫無疑問的真理：一個壞脾氣、苛求、霸道的人背後，其實是一個受折磨的人。他築起了一層厚厚的憤怒的殼，去抵抗那份痛苦。那道盾牌只能用愛的火焰來融化。皺眉不滿、尖酸、不悅的表象，通常只是一個絕

1 荷西．卡洛斯．培梅荷，*Regálame la Salud de un Cuento* (Santander, España; Sal Terrae，2004)。

望的吶喊，訴說著：『我需要一個微笑！』」

「有些人，窮到只剩下錢，」我憶起他跟我說過的話：「但有些人富裕到他們能允許自己一生到處施捨微笑。」

「沒錯。」他同意：「對一個對我們大吼大叫或威脅的人產生同理心，對任何人來說都是很困難的挑戰，但是如果我們能設身處地為他們設想，掌握到他們的難處，了解他們兇惡和無禮的行為其實是表達他們恐懼和空虛的笨拙方式，那麼我們就能夠上前去有效地幫助他們。」

他拍拍我的膝蓋，把話說完：「多愛那些最不應得的，因為他們才是最需要的。」

老牧師的話讓我想到山姆・金恩（Sam Keen）大膽的言論：「我們愛，不是因為找到一個完美的人，而是學著完美地看見一個不完美的人。」

也許這位美國哲學家說的沒錯。

「不過，」我盡量果決地反駁：「持續地嘗試憐憫不和善的人，會磨光一個人的力量。有時候，我真的很厭倦去試著了解、幫助人，還要對所有人微笑。」

「你說得對，」他坦承：「那就是為什麼我們需要知道，如何才能有技巧地處理我們給人們的時間。這就是我所謂照料和更新我們精神資源的挑戰。我很榮幸得到一本麥哥登（Gordon MacDonald）牧師的書，書名叫《安排你的私人世界》（*Ordering Your Private World*）。作者表達了一些概念。這些概念在我面對精神要求、試著維持平衡時，有很大的助益。」

他從聖經中拿出一張白紙，準備在上面寫字。動筆之前，他解釋道：「根據麥哥登的說法，在我們事奉期間，我們會接觸到五種人。這些群組可依照他們在我們生活中的效果來分類。按照這些人的類別來安排你的時間與精力，可以大大決定你的成效和事工的長久程度。」

他展開那張紙，然後拿起一支鋼筆。那支筆引起了我的注意。

「很有趣，」我說，指著那支筆：「它看起來很舊。」

「跟我的事奉一樣久遠。它是我妻子在我們被授命為牧師的那一天送給我的禮物。我用這支簡單的金屬和墨水工具，寫下幾乎所有的佈道內容。這可能是個可笑的過時方式，但我從未成功習慣過那些可怕的電線和鍵盤的新玩意兒。」

「現在有很小巧的個人電腦了，它們攜帶方便，而且很實用。」

「電腦。」他皺皺眉：「我試過那玩意兒一次，唯一的結果就是完全摸不著頭緒。說我過時吧，但我不會為了那些新發明的任何一樣東西而汰換掉我的鋼筆。」

他想要我專心在重要的事情上，所以在攤開的紙上畫了一個分成五部分的圖形，然後把紙轉向我。

「你看到這五種群組了嗎？他們代表五種人，我相信你已經知道這些人，而且他們已是你生活的一部分了：

「**有問題的人**：這種人到處都有，而且你可以確定的是，教堂裡也有這種人。他們不是壞人，他們只是需要幫助，而且他們會向你尋求協助。可能是遇上危機的婚姻，或一個家庭的大家長失去了工作，可能是那個人本身患了特殊的疾病，需要陪伴和體諒，或是那個人失去了他心愛的人。一旦他們被修復了，他們可以變成珍貴的弟子，甚至是同袍戰士。但這個未來的希望，並不會改變這類人會為我們的生活帶來最多疲累的事實。

「**好人**：他們通常在教會裡是佔大多數的。他們會忠誠地出席所有的聚會。他們不會帶著負面能量而來，或是輕易造成問題。事實上，他們會貢獻他們的經濟資源，而且會支持教堂的計畫。好人佔用我們極少的精神資源。他們喜歡在我們左右，因為他們喜歡我們能提供給他們的。與他們的牧師同在的這個單純事實，就讓他們感覺很安心，但是，他們也會慢慢地磨損我們的精神生活。

「**同袍戰士**：這個種類指的是在同一個工作崗位上的其他僕人。也許是其他教會的牧師，或投身其他事工中的人。他們是鼓勵、更新我們信仰的人。跟他們培養關係是明智、正面且必要的。我們可以在他們身邊放鬆，因為我們知道他們是同袍戰士。事實上，在分享事工的故事時，我們可以一起歡笑。我們也可以哭，因為他們會用同情心聆聽我們，他們所經歷的現實跟我們是一樣的，我們可以和他們交換意見與經驗。找尋可以一起笑、一起哭、一起祈禱的其他領導人，那會有療癒和修復的作用。

「**弟子**：你應該投入大部分時間來培養弟子；也就是發展出能在你影響力之下成長的僕人。他有技能，而且你可以在他身上寄予某些責任。他們是我們囊括在最親密小圈圈裡的男人和女人，讓他們有機會成為我們的弟子。如果你沒有培養弟子，你的教堂就無法在你之後繼續存活，只能在你還在的時候存在。

「**有資源的人**：這是很重要的。這是能夠鼓勵我們、讓我們對事工重燃熱情的人。當我們年輕的時候，這是我們的牧師或其他教會的智者能扮演的角色。但是當我們在信仰和事奉的經驗中成長，那些在我們生命中能夠滿足這樣角色的人會隨之減少。也許我們的鼓勵會來自於我們最喜愛的作者，或是我們和一個精神導師的密切關係。尋找比你還有智慧的人，讓他們來培養、餵養你。你不太可能會遇到很多這種人，但是你要找到他們。跟他們在一起一個小時，往往可以激勵你好幾個星期、好幾個月、甚或好幾年。跟他在一起兩小時，你的精神就能成長好幾吋。我一生中有不超過四、五個這樣的人，但他們在我的事工中影響深遠。他們是精神良師，是有經驗的人，且早已走過你才剛剛陷進的深谷裡。他們會教導你如何度過難關。每個事奉者應該至少找到兩個或三個人，來扮演他們私人生活中的這個角色。」

他一邊用老舊的鋼筆指著每一個群組，好確認我有專心聽，然後強調：「這些是會花費你時間的五種人。很常見的，有問題的人跟好人會填滿我們日程表裡百分之九十五的時間，因此，我們自然會感覺到資源被耗竭，因此我們的事工很少有遠程的成果。沒有修復我們電池的泉源，我們就無法在教會的不同計畫中持續前進，或是真正影響那些託付給我們的人的生命。這樣操作上的不平衡，會在事奉上、心理上和情緒上對我們產生很大的毀損。

「要解決這個不平衡很簡單：我們應該智慧地分配時間，花更多時間在其他三種人身上：**有資源的人**、**同袍戰士和弟子**。這不表示要忽略那些需要我們的人，但如果我們能從其他對我們生命有貢獻的關係中吸取營養，我們會有更好的條件來事奉他們。」

他講到這，又強調了好幾次**有資源的人**這個詞。

「適當地管理我們的時間，加上在我們關係中的智慧，將會讓乾枯的事奉重新成長，並重燃已經熄滅的火焰。」

老牧師的話讓我想到美國著名企業顧問詹姆士．杭特（James Hunter）在他很棒的一本書《矛盾論》（*The Paradox*）中引用的一句話。那是在講有關領導的真正要素，他指出：「我差不多花了一生的時間才學習到，生命中幾乎所有事都跟『關係』有關：與神的關係，與你自己的關係，和與其他人的關係。」

基本上，那就和老牧師那天下午與我說的一樣。時光飛逝，我發現他很累了，但他已經給了我很多，讓我有很多事情可以去思考。

我從椅子上站起來，他也是。

在我準備啟程回家時，他將手放到我的肩膀上，好讓我們面對面站著。他說：「不要在冬天過了一半時放棄。戰士不只是像一般人說的，只死於戰爭。事情不是這樣發生的。每一個士兵都是在一個特定戰役中的一個非常特定的時刻死亡。瑪麗和你現在就在一場戰役中，不要讓自己在這個小衝突裡被殺害。」

他的眼神如同他所說的話，閃耀著憐憫。

「絕不要放棄，因為那些在冬天才過一半就放棄的人，將不會享受到下一個春天。」

「有時候，冬天可以殘酷到讓你感覺靈魂都在顫抖。」我說，而我並沒有說謊：「我不確定我和瑪麗能否承受得了。」

他輕輕地壓了壓我的肩膀——一個表示親近的手勢，同時也表現出關懷。

「你尊重你的生命嗎？」他問，但沒讓我回答：「我知道你是尊重的，孩子。不只是你的生命，還有你妻子的生命，還有你的教會的生命。既然我知道你尊重它，那麼告訴我：你的生命已經走到這一步了，你這唯一的生命，也是你僅有的，結果卻要在旅途的一半放棄嗎？」

他的目光停留在我的眼中。

「你真的想要放棄你當時興奮地、滿懷希望地所種下的種子嗎？你要放下你生命中的鋤頭，讓它陷在一片荒廢的田地中央嗎？讓你的雙腳紮實地站在土地上……你的土地。堅定地抓住鋤頭……你的鋤頭。直直望著前方，繼續耕種，因為春天的腳步近了。」

不管怎樣，我對老牧師微笑，然後緊握了他搭在我肩上的手，點點頭。

他們倆在門前與我道別。當他們關上門後，我發現玫瑰花叢中有第四朵花正要開始綻放。其他三朵深紅色的玫瑰簇擁著它，迎風搖曳，周圍則是白色的玫瑰。

夜色很溫和，很陰暗。

我感覺充滿了勝利。我的想法滿溢而出，想要趕快跑回家跟瑪麗說話。然而，某件事情讓我必須跪下敬拜，所以我照做了，因為我感覺到內心綻放了一朵新生命的花，一朵我喜歡、一直以來很渴望的，而現在受到老牧師智慧忠告的滋潤而綻放的花，就在我現在享受到的這個安靜、神聖的時刻。

我回到家，煥然一新。瑪麗的笑容讓我知道她也覺得好多了。

「很抱歉讓你擔心了，」她擁抱著我道歉：「我應該更堅強的。」

我吻了她的唇，要她不要再說了，然後對她說：「妳很堅強，我的愛，非常堅強……而妳每天都這樣表現。」

她走去廚房，感覺平靜多了。

「該吃飯了。」她一邊說，一邊在我們廚房角落的小餐桌上擺盤：「我明天得早起。他們需要我早點到辦公室……」

「親愛的，」我打斷她：「你知道那本紅色筆記本在哪裏嗎？」

「你是說上星期我買來當廚房食譜的那本嗎？」

「對，就是它。你開始在裡面寫東西了嗎？」

「還沒。」她驚訝地回答：「我想明天開始寫，先寫你最愛的食譜：蘋果派。」

我拿起一支紅色墨水的筆。

紅色筆記本和紅色墨水，我心想：**沒有比這更適合用來抵銷攻擊的了**。

「麻煩把它拿來，」我請求她：「我建議用它來做點不一樣的事。」

那天晚上，我們一起把關於攻擊的名字和細節寫下來。紅色的墨水好像在白紙上面發光，而我們體內也好像有某個東西開始發光：一叢寬容的火光和一股蓬勃的喜樂開始洗去怨懟的陰影。不只這樣，那晚當我上床睡覺時，我感覺到快樂。它的香氣充滿我的鼻子，它的重量停留在我肩上。那時，我明白寬容和喜樂離我們有多麼近。

我閉上眼睛，在深深的平靜中睡去。

第五個星期一

靈魂裡的傷口

那些我們認為擾人的暴風雨，通常是重新導航船隻的陣風，

讓我們能駛進重要的港口。如果光只有怡人的航行過程，

那樣我們是絕對到不了這些港口的。

「瑪麗好嗎？」老牧師在隔週一問我。

他是在指我們上次見面談論的那件喪氣的事情。

「她很好。感謝神，她已經從那次的『存在危機』中痊癒了。」我開玩笑道。

「好好愛她，而且別忘記要常常告訴她，讓她知道。」

我注意到他正專注地盯著桌上一張小照片看。那張照片框在簡單的木製相框裡。從我在他的書房與他談話那天開始，這張照片就引起了我的注意，雖然我從不敢問照片中微笑的小男孩是誰。

我一直看著那張臉，金色的頭髮，充滿笑意。他的輪廓會讓我想到老牧師。那個小男孩的表情很甜美，他的笑容露出了兩排白亮、小巧、整齊的牙齒。他坐在老牧師的膝蓋上，而一旁的瑞秋像在欣賞珍貴獎杯一般，驕傲地看著他們。

「約瑟夫。」

「啊？」他的聲音讓我跳了起來。

「那個小男孩，」他指了指：「那時他的名字叫約瑟夫。」

「那時……？」

「他十一歲的時候就過世了。」他小小聲地回答。

我壓抑不住驚訝的表情，看向他站在大窗戶前面的臉。我一度覺得他好像哽咽著，他的眼睛也開始閃爍著淚光。

「死亡是很自然的，」他用低沉的聲音說，低到我要靠近他才聽得到：「但應該有個邏輯的先後順序。應該先是父母，然後才是小孩。」他將目光從遠方的地平線轉移到我身上，帶著驚人的定力。

「不過，有時候，那樣的順序會被改變。因為某些我們無法控制的原因，整個次序被顛倒，變成一個會造成可怕痛苦的衝擊。你不會知道當你必須埋葬一個孩子時，那會帶來怎樣荒誕和空虛的感受，尤其是當你已經與他共享生命中幾年的時間。我是說那些已經長大的小孩。那些曾經陪伴著我們歡笑和悲傷的人；那些和我們一起踢過足球，一起在客廳地板上爬來爬去的人；那些已經在我們記憶裡留下不可磨滅印記的人。」

他深深地吸了口氣，然後在吸了那口氣之後，咳了咳，但那不是咳嗽——比較像是從喉嚨裡湧起的一陣嗚咽。然後他沉默了。那時，我明白離別的傷痛並沒有隨著時間而痊癒，過去的傷痕在記憶的敏感結構裡，留下了不可避免的溝痕。

我的腦海裡，不禁響起西班牙思想家巴塔沙．葛拉西安（Baltasar Gracián）的話：「對年輕人來說，死亡是艘遇難的船骸，但對老年人來說，它是靠岸的港口。」我可以看出，這場船難讓那些留下來的人（而非離開的人）毫無目的地漂流。

老先生依舊沉默，我感覺自己好像應該要說什麼——給他一些安慰的話——但我什麼都說不出來。他大概注意到我講不出什麼得體的話，因此慈悲地說：「他死了。」

他摸著照片裡那個神似自己的小男孩，手指明顯地顫抖著。

「上帝決定把我們花園裡最美麗的花朵，移到祂的花園裡去種植。」

我正想要問他問題，但老先生又開始說話，沒給我插嘴的機會。

「要習慣這個打擊是很不容易的。」他看著我，把視線專注在我的眼中：「我甚至因此對上帝不諒解！」

他低下頭，然後用更低沉的聲音說：「我是多麼愚蠢地以為，我居然有資格要求上帝解釋祂自己。就在那時候，我想到了一個古老的故事。你想要我講給你聽嗎？」

他沒有等我回答，直接開始說他的故事：

好久以前，有一個農夫，他要求上帝讓他戰勝大自然，好讓他能為祂產出更好的作物，而上帝答應了他的願望！從那時開始，當農夫要一陣小雨，它就會發生；當他要陽光，天上的神就會閃耀所有的光芒；如果他需要水，雨就會下更大。

但是，當收穫的時節到來，他又驚恐又害怕，因為那最終竟是個完全的失敗。他又惱又氣，他問上帝為什麼這個實驗會有這樣的結果。為什麼他已經要求他認為最完美的天氣了，收成卻還是那麼糟呢？

上帝回答他：「你要求了你想要的，但是事實上，那並不是你真正需要的。你從來沒有要求過暴風雨，而那些是清洗種子的必要條件，可以嚇跑對作物有害的鳥和動物，並且可以免於非常毀滅性的蟲害。」

他再一次盯著我，一份神聖和深具感染力的熱情在他眼睛深處燃起。

「這就是通常會發生在我們身上的事。我們希望自己的生活是沒有任何問題的純粹甘露，充滿甜蜜、毫無一點苦味。但是，一個真正的強者不是一個看不到困難的人，而是一個不會怕它們、不會因而撤退或逃離的人。那就是為什麼我們可以無懼地宣稱，困境是有益的。它們會帶來成熟和成長。每個人在他的生命中都需要一場真正的暴風雨，那可以讓他了解到，對那些微不足道的小雨和稍縱即逝的簡單小事，他操了多少心。最重要的是，不要逃離暴風雨，而是要保有信念和信心，相信那都將過去，會在我們生命裡留下美好的事物。」

「牧師，」我猶豫了一下，然後我知道必須問他那個問題，於是鼓起了不顧一切的勇氣，問：「約瑟夫發生了什麼事？我是說，他是如何過世的？」

老牧師深呼吸，看著我，知道我的意願是真誠的。最後，那些猶疑的話語從他嘴唇的閘門流洩出來：「我從來都不喜歡開夜車，但那時別無選擇，因為我們必須回家。我開得很慢，車子的時速從沒超過每小時五十哩。我一直覺得，用好的判斷力和謹慎來駕駛，是能快點到家最安全的方式。」

他別過頭去一下子，然後又轉回過頭來向前看。

「在另一個方向開車的那個駕駛人想法跟我不一樣。他轉彎的速度太快，然後跨越到我們的車道上，正面撞上我們。」

他停了一下，深呼吸，好像他所有的呼吸都在故事的第一部分花費殆盡。

「那時坐在我旁邊的瑞秋尖叫。我也尖叫了，但是約瑟夫所在的後座沒有傳來任何聲音。我記得的下一件事就是約瑟夫在我的懷裡。他很安靜，沒有呼吸。我的感官察覺到的，只有他的沉默和靜止。我開始搖晃他，但是他已經沒有生命跡象。我呼喚他，想讓他起死回生：『約瑟夫！孩子！』我大叫：『醒來！你正在我身邊！』我一直喊叫。『你跟爸爸在一起！』有兩個人把他從我懷裡帶走，我輕輕地對他說，幾乎痴傻地說：

『約瑟夫，我的生命，我們很快會再見面的。』然後，我繼續坐在柏油路上。但從那時起，我有想過，也許我跟他說的那句並不是傻話……『我們很快會再見面的。』」

沉默持續了一陣子，好像他不打算再說任何事了。但我知道他會繼續說，所以這次我沒有回應他，而是保持沉默，讓手停留在他肩上。

「有一位護士來照顧我。她拉起我的右手，問我會不會痛。我問她瑞秋的情況。在稍晚之後，他們才告訴我她沒事，他們給了她一點鎮靜劑，因為她很激動，不過沒事了……那時候，我才看了我的手。它正流著血，有個又深又長的傷口從手臂背面一直裂到上臂一半的地方。」

他讓我看那道疤痕，即使到現在已經這麼多年了，它還是清晰可見。

「那護士包紮了傷口，她比我還擔心那傷口。但是相反地，我感受到的是另一個傷口。那是在我胸口一股強烈無比的痛楚。我打開外套，看到一個扭曲的金屬碎片插進了我胸口，穿透了我口袋裡的小聖經。那本救了我一命的書，已是一疊破爛的紙張，掉落到地上，被風吹得散落四處。但是另外一個傷口……那個深深隱藏在裡面的傷口……因為約瑟夫的沉寂所引起的傷口……神啊，那是多麼痛！」

「一定很難受。」這是我僅能說的。

他等了好久才回答我，我都以為他不打算回答了。

他終於繼續說他的故事，眼睛盯著遠方，在天際與地平線結合的地方，好像他把事情都投影在那裡似的。「那些並不只是擦傷而已，而是在靈魂裡的缺口。在約瑟夫的葬禮之後，我和瑞秋很早就上床就寢，有時候在黃昏的時候就去睡，當白晝才正要結束的時刻。我們會早睡，是因為我們想要盡可能地縮短日子。但是，縮短日子終究只讓夜晚的黑暗更加漫長。這樣的黑夜好幾個星期才結束，有時候根本就漫無止境，每分鐘都成了一世紀那麼長。」

他沉默了一下子，轉頭看我，然後繼續說：「我們試著熄滅記憶的燈泡……試著不要去記起任何事，但是，要讓那些我們與小約瑟夫一起度過時光的光芒褪去，是不可能的。他不在的每一秒對我們來說，都像是在我們皮膚裡留下酸痛的咬痕。就某個層次來說，你絕對不會復原的。你永遠不會是一樣的。你的腦海裡充滿了疑問，心裡也絕望地尋找著答案……但是都徒勞無功。杜斯妥也夫斯基說的真對：『只有在說了再見之後，我們才能感覺、了解到我們是用多麼大的力量在愛人。』」

天色漸漸暗沉，在鄉間撒下了陰影。外頭落下的黑暗讓室內景象投影在窗戶上，我在倒影裡看到他的臉，發現他眼裡的淚光已經變成了兩行淚水，滑落在他的雙頰上。我明白了某次有人告訴我的那句話的意義：「常常在不知不覺中，墳墓同時埋葬了兩顆心到棺材裡。」

看到一個好人，一個充滿智慧的人，遭遇到這樣的悲劇，真的很令人難受。老先生陷在他的閱讀椅裡，他的頭低低的，沉思著，從來都沒有這麼沮喪過。

不過我很驚訝的是，他很快又打起精神。他稍稍坐直身體，聚精會神地說：「但是不容置疑地，沒有人應該懷疑，當冬天的寒冷加劇時，上帝會靠近我們、包覆我們，給我們溫暖。祂與我們同在的奇蹟填滿了所有空虛的缺口，即使是那些可怕的空虛……即使是那些讓你迷惘的失落，讓你懷疑自己是否有一天能再一次把自己重新拼湊回來。」

現在說話的這個人，已不是剛剛那個被擊潰的老人。在他濕潤雙眼的背後，露出一道溫暖和平靜的光芒，像是暴風雨過後的太陽。

「上帝的雙手會讓靈魂的殘骸轉變為藝術品。當祂顯現時，祂會堅定地抓住我們生命的舵，指示我們的船隻前往一個安全的港灣。」

我被他的話所打動，用得勝的語氣說：「而祂對你也做到了，不是嗎？」

「事實上，祂的確是。」他宣稱：「你說的一點都沒錯。這並不代表要遺忘你失去的那位心愛之人……絕對不是！記憶一直都在那裡，而我不諱言，一個你認為已經復原的舊傷口可能會因此再次打開、再次流血。但是我最後明白，當上帝奪去某件事物，那是因為祂要寫下新的事物。」

他的話語讓他的臉充滿希望，也讓我的臉充滿了希望。而那也讓他恢復了一如往常的力量。

「我終於了解，死亡只是任務裡的一個改變，而且我們的小約瑟夫比以往更加鮮活，因為，如果死亡不是另一個生命的前奏，那現今的這個生命就是個殘酷的玩笑。」

他並不只是陳述這件事，他是用得勝的榮耀宣稱著。

外頭的天空點綴著雲朵，令人驚奇的是雲朵後面清晰可見的太陽，碰觸到地平線而成為紅色的半圓形，從雲層中透出它的光芒，形成了完美的扇形圖案。

「你看見了，」他指著這片風景說：「祂在黑暗的油畫布上畫出了美麗的圖案。上帝是多麼完美的藝術家！祂用畫筆把具威脅性的事物轉化成絕對的美麗。神絕對不會浪費任何的悲傷。相反地，祂會將之轉換成財富。」

在那樣困難的情境中，用透徹的誠心說出那句話，在我的信念中起了決定性的作用。在我意識的深處，它曾經迴響了好多次，且在我面對威脅著要將我打倒的逆境時，總是能幫助我爬起來。

他看著我，嘴唇形成了微笑的弧度，散發出比一千道曙光更多的光彩。他微微地點點頭，說：「你知道嗎？有一次，我與一位成功攻上兩萬三千呎高山頂的朋友聊天。『你那時的感覺如何？』我問他。『寒冷。』他回答：『大部分是寒冷的。白天時，天空比藍色還要更深，因為它缺乏空氣來反映太陽的光芒。不過夜晚時，你絕沒有看過那麼多的星星，就好像你可以觸摸到它們，而且它們閃耀地好像是天堂裡地板上的洞一樣。剩下的，就是寂靜。當你身處在世界最高的地點時，你會體驗到寂靜……然後我聽到高山的聲音，就像是聽到了神的聲音一樣。』」

老牧師那番溫暖且震撼的話深深打動了我。它們比較像是營火的呼吸，而不只是簡單的話語。他正用著真正的恩膏（Anoint）[1]在說話。

「高處帶著伴隨而來的某些風險，那些會讓我們成長和爬到高處的生活情況，常會讓我們處在黑暗的天空下。一個黑暗的高山跋涉能讓我們提升高度，也讓我們處於寒冷和寂寞的地方，但也只有在那裡，我們才能夠發掘那層層陰影中所隱藏的寶藏。」

他沉默片刻，好讓我能夠消化他給我的訊息，然後接著說：「只有在那裡，我們才

1 編注：在我們之內的聖靈和隨之而來的能力，能幫助我們完成超乎自身能力之事。

能欣賞黑夜充滿著光芒，沉默也充斥著智慧言詞的聲音。」

他的那番話有著不容置疑的美麗，但是我的視線卻無法離開那年輕男孩。他從照片裡對我微笑著。內心深處，我試著吞下他們在失去他時所必定面臨過的痛苦。

「牧師，我理解你所說的，但是你無法否認，神的安排有時候……」我支支吾吾地說：「會讓我們生命棋盤上某些很難理解、極難掌握的棋步發生。」

「你會想知道將會發生的所有一切嗎？」他親切地問。

「不是那樣的，但……」

「你剛好給我機會講一個故事。」他堅決地抹去眼眶裡冒出的熱淚，微笑道：「你想聽嗎？」

我點點頭。他在椅子上動一動，開始說故事：

一個老師在每堂課的結尾都會講一個寓言故事，但是學生們並不是每次都能了解故事的涵義。「老師，」一位學生質疑他說：「你跟我們說故事，但沒有解釋它們的意義。」

「抱歉，」老師道歉：「為了補償你，就讓我請你吃顆成熟的桃子吧！」

「謝謝你，老師。」那學生沾沾自喜地回答。

「為了給你一個特別的饗宴，我想要親自為你剝去桃子的皮。可以嗎？」

「好的，謝謝。」那學生說。

「既然我都已經拿刀在手上了，要不要我幫你切成一塊塊，好方便你吃？」

「我很樂意，但不想要利用你的慷慨。」

「如果是我自己主動提出的，就不是利用。我只是想要取悅你。讓我在給你吃之前，幫你咀嚼吧！」

「不，老師。我不要你這樣做！」那學生拒絕了，感到很訝異。

老師停頓了一下，說：「如果我把每個故事的意義都說給你們聽，那就像是給你們已經咀嚼過的水果一樣。」

故事說完了，我的老牧師專注地看著我：「如果上帝讓我們了解所有發生在我們身上的事，那就像在吃已經被咀嚼過的水果一樣。」

我點點頭，思考著這個簡單的故事總結出的深奧智慧。

「如果你今天有什麼不懂，不要感到絕望。持續地吃那果實。這也是十字架的意義所在。」

他指著裝飾在簡單房間裡的十幾個十字架。「我們不會理解那裡發生什麼事，直到挖掘出墳墓，才發現裡頭一無所有。我們太常在暴風雨途中絕望和放棄，而我們應該做的唯一一件事，應該是相信和等待。暴風雨會過去，然後我們會發現，那些令我們膽戰心驚的驚濤駭浪，事實上也是能幫助我們轉換航道、讓我們能導向正確港口靠岸的海浪。」

「你是說祂利用暴風雨來導正我們走上正確的方向？」

「也用眼淚來讓我們看得清楚。就如詩人拜倫（Byron）所說：『一個人透過眼淚所看見的，能比望遠鏡還要遠。』智慧是了解到淋溼我們身軀和讓冬天蒙上灰色的雨水，其實是上天的顏料——綠色、粉紅色、黃色——而動搖我們、狂吹不止的風能攪動油彩，讓它能有足夠的厚實質地為春天的畫筆所用。這只是等待的問題而已，然後我們的周圍就會充滿了色彩。」

我點點頭，欣賞他的智慧。

「另外，你會了解到你的傷痕是構成事工資格的一部分。當一切都很順利的時候，事奉是很簡單的，但生命中困難的時光，能讓你的事奉有可信度，讓你的話語有深度。」

他微笑著總結：「不要太相信一個沒有傷痕的人所說的話。那是教會所面臨的最大風險之一。」

他深思著摸摸下巴，想著接下來要說的話。

「可能毀滅教會的事情之一，就是受到具有很大影響力、深度卻很膚淺的人所領導。試煉和困境能讓我們成熟。乾旱的時光會讓我們把根扎深到土地裡，尋找泉源。那會讓你的服事有說服力。」

我專注地看著他，堅信他臉上那些深深的皺紋並不只是皮膚的皺摺，而是戰爭的傷痕。

他再次將頭轉向大窗戶，我在窗戶上看著他的倒影。他想起美國劇作家亞瑟・米勒（**Arthur Miller**）的一句話：「我絕不會後悔為了重要之事而冒上一切風險。」這就是老牧師的才識。這就是他的話為什麼這麼有份量……也是為什麼他的話充滿了無比的智慧。

「不要**承受**十字架，要去**愛**它。你還有力氣忍受另一個故事嗎？」

他的眼神幾乎是充滿歉意的，臉上的表情天真地像個孩子。「我告訴你，我有好多話要說，但是很少有人願意聽。」

「你有一個很熱切的聆聽者。」我要他放心。

因此他開始說：

有一個人背負著沉重的十字架，喘不過氣來。他帶著憤怒，認命地拖著十字架前進。很多人已經跟他說過，背著十字架會比拖著十字架的人來得輕鬆，但他不願聽他們的勸，繼續怨恨地拖著十字架往前走。十字架有時被路上的石子卡住，被草根纏住，讓他的前進更加困難。

有一天，他經過一個沙漠地區，那個地區是如此廣大和乾旱，讓他覺得自己快死了。無情的太陽讓他的頭發燙，烤焦他的背。偶然的機會下，他不經意地讓十字架擋在他的身體和太陽的中間，讓他發現到那沉重的負擔因此提供了遮蔭。因為這個幸運的發現，他安臥下來，將自己隱身於木頭後面。

幾天後，他開始覺得飢腸轆轆。在他橫越沙漠的時候，幾乎沒有吃到任何食物，所以他看起來既虛弱又營養不良。他發現了一棵結實累累的蘋果樹，但多汁的蘋果長在很高的樹枝上，他無法摘到。看到那些果實，讓他更加食指大動，但那可憐的男子，很遺憾有這麼多果實在他面前，卻無法享用。遺憾且非常絕望的他，將十字架倚靠在樹幹邊，垂頭喪氣地坐在地上。當他抬頭看時，發現木頭十字架可以當作階梯，讓他去摘到那果實。於是他那樣做了，也吃得非常飽足。

不久，在他漫長的旅程中，他經過了一片覆蓋著白雪的荒蕪土地。十字架卡在雪裡，讓他的前進變得緩慢又困難。突然間，他聽到狼嚎，因此感到一陣顫抖。牠們離得很近，他知道牠們在找尋他。很快地，他聽到那些飢餓的野獸迅速地接近。他開始奔跑，但後面拖著十字架，讓他跑起來更加困難。有很多次他想要遺棄它，但他終其一生帶著它所經歷過的苦難，讓他打消了這個念頭。

他決定拿起它，帶著它奔跑。他發現這樣一來，十字架顯得較輕了。他跑了又跑，還是感覺野獸們越來越近。突然間，他停下來。在他面前有一處深淵——很深的乾涸河床。他絕望地尋找一座橋樑，卻遍尋不著。狼群越來越近了，而他也急得哭了出來。被忿恨和怒氣所擾的他，將十字架丟在一旁。在他眼前的深谷就像盆地一樣寬廣，當十字架落下時，它橫跨了那乾涸河床的兩岸……形成了一座橋。他很快地過橋，當他再次舉起十字架，他看到狼群失望地離開。從那天起，他擁抱著十字架而活，且讓十字架成為他生命的中心。

「無論如何，去愛神帶進你生命中的十字架。」老牧師告訴我：「有時候，十字架會是一種疾病；有時候，它會是一種不可思議的寂寞感受或是經濟上的困難。帶著你的十字架，代表著付出代價，但是我可以告訴你，這一切都是值得的。很快你就會發現，那十字架會變成一道階梯，把你提升到更高的地方，或是將你安置在遮蔽處，在極端的處境中保護你。」

仍然將約瑟夫的照片拿在胸前的他，突然轉移話題。他的變化如此極端，讓我很詫異，也讓我有些疑惑。

「愛她，愛瑪麗。千萬不要對那些你最親近的人保留你的愛，因為你不知道那些親近的人哪一天突然就不在身邊了。今天就愛她，今天就表達出來，今天就擁抱她。不要說這樣做太快了，因為你不知道是不是很快地這些都會變得太遲了。早早起床來表達你的愛，因為有時候夜晚來得太快，將最美麗的日子切成了兩半，而你早應該說出來的話語就被鎖住了。這些話從喉嚨跳到意識裡，然後就停留在那裡，變成令人無法承受的重量。」

在說這些話的同時，他將逝去兒子的照片緊緊貼在胸前。

那時，瑞秋端著盛著咖啡的托盤進來。她看到他拿著那張照片，就將托盤放在桌上，在丈夫的身旁坐下，溫柔地抱了他許久。

看到他們這樣，我明白不管是多麼大的失落，上帝從來不會讓我們留在完全的絕望當中。祂總是為我們保留了足夠的愛在身邊。

我用手背抹去了一滴淚水，再看看他們。

他們仍然深深擁抱著彼此。我看著他們，更加確定神不會把我們像孤兒一樣遺棄，或讓我們漫無目的地漂流。我也覺得，有時候我們會錯過生命中的許多事物，只為尋求已死之人的擁抱，而沒有發現身邊有一千個溫暖的擁抱，正等著在我們靈魂最冰冷的夜晚保護我們。

一位印度詩人的話在我心裡迴響著：「如果你在夜晚時因為看不到太陽而哭泣，那麼你的眼淚會讓你看不見滿天繁星。」[2]

我想跑回家去找瑪麗。用我所有的力量對她表現出我的感激，擁抱她。

我想讓我所有愛的告白都及時說出來。我不想讓任何一個感謝的文字或任何一份愛的表示困在我的喉嚨裡，最後只能在我的意識中形成沉重的負擔。

那次的拜訪很短暫，但是很紮實。我一點都不意外地發現有另一朵紅色玫瑰花在那

2 引言來自泰戈爾、紀伯倫和老子，參見http://forum.wordreference.com/showthread.php? t=1829209。

個靜謐的夏日夜晚綻放了。

我將它的一片花瓣拿在指間，欣賞著它的美麗和完美無瑕，並且輕聲說：「總是會有東西在夜晚時發光，即使是最恐怖的黑暗，也可能成為一個全新日子誕生的溫床。在陰影的摺痕裡，會有星星。」

第六個星期一

我的妻子聽不見

看著並守護你家庭的健全。

事工中最有力的證明之一，就是你的婚姻。

這次我無法等到星期一，所以決定打電話給老牧師。為什麼如此緊急呢？我很氣……對我的妻子瑪麗非常生氣。這樣的情形並不常發生，但在前一天晚上發生了。就好像兩列迎頭撞上的火車，而最糟的是，事出的原由是很瑣碎的小事——類似我們是否應該買一把新的椅子放在客廳一樣愚蠢。

我自己無法處理這個問題，所以鼓起勇氣去打擾我的老牧師。

「我想瑪麗有點問題。」當他一接起電話，我就對他一股腦地發洩。

「她怎麼了？」

「她腦袋瘋了……有點失衡。」

「你為什麼這麼說？」

「我跟她建議換掉椅子，她卻把所有事情都混為一談，像個瘋子般地跟我爭執。我完全沒辦法讓她理性地聽我說話。」

「你有問她為何這樣反應嗎？」

「當然有。但是我現在忘記她回了什麼愚蠢的事了。」

「她否決了你所有的論點。」

「是的。她好像說什麼我想要換椅子的主意很愚蠢，之類的話。」

「真的？或是說你總是在改變心意？」

「她也這麼說！你怎麼知道？」

「等等，等等！讓我跟你說個笑話！」

老牧師的反應讓我很疑惑，但出於尊敬，便洗耳恭聽。

一個男子打電話給家庭醫生：「醫生，馬上過來。我很擔心我妻子。」

「她怎麼了？」

「她要聾了。」

「你說她要聾了是什麼意思？」

「是真的。我需要你來看她。」

「聽著，」醫生解釋：「一般來說，耳聾是不會這麼快發生或惡化的，所以週一帶她來看診，我再看看她。」

「但你認為我們可以等到下星期一嗎？」

「你為什麼覺得她聽不到呢？」

「是這樣的……因為當我叫她的時候，她不會回答。」

「聽著，那有可能是很簡單的原因，像是耳朵裡有放耳塞。我們先來做些什麼吧！先決定你妻子耳聾的程度。你現在在哪裡？」

「在浴室。」

「她在哪裡？」

「在客廳。」

「很好，那麼，站在那裡叫她。」

「卡——門！……不，她聽不見。」

「好，靠近一點，到浴室的門口，從門口走道叫她。」

「卡——門！不，現在也聽不到。」

「不要太擔心。換成無線電話，到走道上叫她，看她聽不聽得見。」

「卡門！卡門！卡門！……什麼事都沒發生。我現在站在客廳的門口前面，而且我可以看到她。她背對著我，在讀一本書，但她聽不到我說話的聲音。卡門！什麼都沒發生。」

「再走近一點。」

那人走進了客廳，走到妻子卡門身旁，將手放她肩上，在她耳邊大喊：「卡門！」

他的妻子很生氣，轉過來對他說：「你要做什麼？你要做什麼？你要做什麼！你已經叫了我差不多十次了，我也回答了你十次『你要做什麼』。你真是越來越聾了，我不懂你為什麼不去看醫生！」

「我管這叫投射作用，孩子。每一次我在別人身上看到困擾我的事情時，我都會記得，我所看到的，可能是我自己也有的毛病。不過，原諒我打斷了你，我們回到剛剛的……你剛剛跟我說，瑪麗的腦袋怎麼了？」

我說不出話來。

那是我所不知道的老牧師的一面：他的幽默。

我感覺雙頰發燙，於是決定對別人投入加倍的寬容，提高對自己的自我檢討。

「沒事，牧師，」我對他說，心裡頗為懊悔：「我們下週一見，依神的意願……。」

在下一次的星期一，我對老牧師坦白我對瑪麗事件的感受。他拍拍我的背，大聲地笑。不過我必須說，我發覺他很疲憊。

我很憂心老牧師的健康狀況。當我看著他，我覺得好像看到一個生命將要完結的人一樣，像個在比賽中盡了全力的運動員，跑到最後一圈跑道時已經精疲力竭。不過當他開始說話，特別是當他在禱告時，你可以看到他所擁有的超人類力量……一種超越俗世的力量。

我絲毫沒有懷疑：他活得非常親近神，而那賦予他一種不可質疑的威嚴。

「我們都會犯錯，」他笑完後說：「唯一重要的是，要知道認錯。而且，絕對不要忘記我們上次見面時我跟你說的：愛她，愛到你們之間絕不可能有不忠的事情發生，背叛她的可能性也絕不會出現在你的腦海裡。托爾斯泰說了很多我不能苟同的話，但有時他說得一針見血，譬如他說：『了解他的妻子並且愛她的人，比那個認識一千個女人的人還要了解女人。』」

「你跟瑞秋在一起已經很多年了……」

「六十年了。」他打斷我：「一轉眼就過去。」

「但你們看起來就好像第一天相戀一樣。你們的祕訣是什麼？」

「我想到一個故事……」

他臉上浮現一種像是請求原諒的表情。

「請諒解，我不是故意要閃避你的問題，只是最近我的記憶變得有點模糊，不說出來，之後可能就想不起來了。」

他將我的微笑當作默許，於是開始了這個故事：

一個男子跑去拜訪一位智者，他告訴他，他不再愛他的妻子，想要跟她分開。智者聽了他說的話，看著他的眼睛，只說了兩個字：「愛她。」然後就沉默不語。

「可是我對她已經沒有感覺了。」

「愛她。」智者又重複道。站在那個苦惱的男子面前，在一段漫長的沉默之後，他才補充道：「愛是一種抉擇，不是一種感覺；愛是奉獻和順服。愛是動詞，那個動作的成果是愛。愛是一種園藝工作：你把有害的拔除，你準備土壤，你播種，然後你耐心地灌溉、照料。要有心理準備會有病害、乾旱或是雨水過多，但是你不會因此放棄你的花園。愛你的妻子：也就是接納她，珍惜她，尊重她，給她你的情感，愛慕她，了解她。那就是一切——愛她。」

經過幾秒鐘的沉默之後，他對我說：「美國劇作家羅伯．安德森（Robert Anderson）給穩定的婚姻一個很有趣的重點。他說：『在每段超過一個星期的婚姻裡，一定找得到離婚的理由。重點在於，想辦法找到、並且持續找到結婚的理由。』」

他對我微笑，而當我報以微笑時，他繼續說：「唯一能承受婚姻重量的基柱就是愛。只有愛的基柱能支撐那幢建築，度過殘暴的冬天，抵擋最險惡的情況。也許你會問自己：『愛情的主題跟嚴肅的事工有什麼關連？』」

「嗯，婚姻跟事工有關……」

「婚姻**就是**事工。」他強烈地強調「**就是**」：「事工的最有力證明之一，就是你的婚姻。一個健全的愛情生活能加強並穩固事工的領域。照料你的家庭就是照料你的教堂。而那份照顧的關鍵就在於愛：不吝惜地愛你所愛。大方地愛，毫無保留地獻出你的愛。」

「神是愛，」我想起來：「那跟這有關係嗎？」

「當然！」他肯定地說：「神與我們的關係，建立在祂的本質之上——愛。那就是為什麼祂要繼續找回我們，儘管我們無理、冷漠和鄙視祂。祂愛我們，寬容我們。那是一段婚姻的關鍵，『無論如何』地繼續愛下去，繼續寬容。」

「無論如何。」我重複一次後說：「那對我是個有趣的重點。」

「談到愛這個概念，總是關於某種欠缺。」他堅決地說，一邊翻開聖經，用令人欽佩的活力翻閱著。「我發現了兩種愛。聽聽〈撒母耳記上〉（撒慕爾紀上）第一章第五節所說的：『給哈拿的卻是雙分，因為他愛哈拿，即使上主沒讓她生育。』」

老牧師解釋道：「這個故事是關於一個名叫以利加拿（厄耳卡納）的男子，他的妻子叫哈拿（亞納）。聖經上說，這個女人不能生育——也就是說，她是不孕的。」

他靠近我，以便更加透徹地解釋：「要抓到這個詩句的真正意義，你必須知道在那時候的時空和文化，猶太的拉比稱有十種人是排除在與神建立關係之外的。他們是被貼上標籤的人……被認為是遭詛咒的。那關係是開始於沒有妻子的男人，或是有妻子，卻不能為他生小孩。無庸置疑地，哈拿的不孕代表了一個嚴重的問題，不只是對她自己而言，對她的丈夫也是如此。一個男人的妻子不孕，會讓他成為一種類似被逐出教門的情況……一個受到詛咒、被排除在外、無法與神結合的人。」

「真的！」我回答，承認那是個真正的問題。

「不過，」他肯定地說：「在我們剛剛讀過的文字裡，有一部分值得我們省思：『給哈拿的是雙分，**因為他愛哈拿**，**即使**上主沒讓她生育。』」

我注意到，在他的聖經裡，「因為他愛哈拿，即使……」那句被畫上底線好幾次，彷彿他在不同的時刻重讀了這段聖經詩句。

「如同我跟你說的，我發現了兩種愛。一種是**因為所以的愛**。我愛你，**因為**我在你身上找到完全的滿足。**因為**你滿足了我所有的期待，**因為**與你在一起，我非常快樂……我愛你**因為**……那是個合理的愛。**因為所以**的愛總是比完全不愛來得好。但是這樣的愛，總是會有它的另外一面。它不會全心全意地付出自己。這樣的愛，不可避免地會有一個保存期限。」

他的眼神試探地看著我，想看看我是否有掌握到他要傳遞給我的訊息深度。

「有一種更崇高的珍貴選項，而且是更加持久的：那就是**即使如此，還是愛**。那個是『儘管如此』的愛。我愛你，**雖然**你不能永遠滿足我的期待，**雖然**你不完美。這是〈哥林多前書〉（格林多前書）第十三章裡所描述的愛。它是一種沒有保存期限的愛，因此，它能夠承受婚姻的重量。這是上帝在〈羅馬書〉第五章第八節裡對我們宣稱的愛：『惟有基督在我們還作罪人的時候為我們死，神的愛就在此向我們顯明了。』」

「那的確很有趣。」我同意。

「有些人會說『我們不再愛彼此』或『我們的愛已經結束』，他們是很誠心這麼說的，真的飽受折磨。在我觀察的每個個案中，這樣已耗竭的愛，都是**因為所以的愛**。沒有人能夠永遠滿足他們所愛之人的期待。當我們沒有盡全力地全心去愛時，我們遲早都會失敗。總有一天，我們會傷害他們、或讓他們失望。在這些時候，**因為所以的愛**會變得暴躁易怒，**即使如此還是愛**的愛則會用寬容的橋樑來覆蓋這些深谷，用諒解來填滿這些坑洞……這是上帝對我們宣示的愛。就如哲學家萊布尼茲（Leibniz）所宣稱的：『愛是在另一個人的幸福當中，找到你自己的幸福。』」

「上帝都不會厭倦寬恕我們嗎？」我問，即使我已經可以猜到他的答案。

「祈禱祂不會。祂的心無與倫比地牽繫著我們。祂是瘋狂愛戀祂的創造物的造物者。祂是無可救藥地愛祂的罪贖子民的救贖者。讓我跟你說一個故事：

在一個阿拉伯的傳說中，有兩個朋友一起旅行穿越沙漠。當他們到了旅程中的某一個階段時，他們開始爭執。其中一個人覺得委屈而不想說話，在沙子上寫著：今天，我最要好的朋友打了我一巴掌。

他們繼續往前走，遇到了一個綠洲，他們決定在此沐浴。那個被打巴掌的差點溺斃，還好被他的朋友所救。在恢復精神之後，他拿起匕首，在一個岩石上刻下：今天，我最好的朋友救了我一命。

他的朋友很好奇地問：「為什麼你在我傷害你之後，把它寫在沙子上，而現在，你卻刻在岩石上？」

他的朋友微笑著回答：「因為你是我的朋友，我把你對我的傷害寫在沙子上，會有健忘和寬容的風來負責擦去它們。但是我把你的幫助和愛銘刻在我心裡的記憶岩石上，這樣一來，這世上就沒有任何一陣風能夠抹去它。」[1]

老牧師等了幾秒鐘，讓我有時間理解故事中的道理，然後他說：「生命中有兩個重要關鍵一定要學習：第一，寬容是婚姻的基石。第二，不管我們對神做出什麼樣的攻擊或失敗，不管有多麼嚴重，都不能抵擋用懺悔的水和以耶穌的血所得到的洗罪救贖。」

他站起身來，我知道我們的會面要結束了。

「那麼，我不再嘮叨騷擾你了。我現在應該已經讓你覺得很頭痛了。」

我很想回他說，他並沒有騷擾我。相反地，他所告訴我的每件事，我不僅覺得很有趣——因為我正學習到從其他人身上學不到的東西——並且不僅如此，因為他的很多話對我的混沌困惑來說，就好像強而有力的亮光……像是特殊的燈塔。

他送我到門口，很緩慢地走著，看得出來很吃力。在那裡，我看著他走開，揮著手道別。

我只走大約五步，他的聲音便試著要引起我的注意：「你知道嗎，孩子？」

我停下來，看向他。他說：「要有好的婚姻，你必須要戀愛很多次（他刻意在講完之前停頓）——永遠都跟同一個人。」

然後他笑著關上門，一切都平靜下來。

我沿著來時的路深深地呼吸，一邊彎腰看那玫瑰花叢。第六朵紅玫瑰在它的同伴當中綻放。

那個地方的寧靜就像舒適的外衣，將我與一切隔離，讓我能思考剛剛所聽到的。這些與老牧師的會面正在改變我。有好多智慧從他的經驗中流露出來！在他德高望重的年歲裡，他認識了很多人，但我喜歡老牧師的地方在於，他的那些年歲都充滿著生命。

他和瑞秋是多麼幸運！

我停下，對自己的評論會心一笑。幸運？那並不完全正確……相反地，他們很明智。他們選了很棒的地方來生活，讓每一天都充滿意義，而那個地方，就是十字架。

他們決定把房子的地基打在十字架的庇蔭之下。

1 喬治．布卡（Jorge Bucay），*Déjame que te cuente: Los cuentos que me enseñaron a vivir*（Rba Bolsillo, 2005）。

我慢慢地回到家，幾乎逛遍了鄉間小路。我感受到無比的平和！所有的建言都在我的記憶硬碟當中建檔了。

我真的愛瑪麗……這個最後的想法在我心中像支柱一樣，讓我重拾了我的步調。

過了一會兒，我和夜色同時回到了家。

第七個星期一

可敬的信仰

如果你想要一個健全和穩固的教會，

不要追求驚人之舉，而是要為人帶來轉變。傳施聖經。

我過了好幾個星期才再次見到他——有兩個星期是因為我自己的事工，另外兩個星期是因為他健康狀況不穩定。

「如果有我可以幫得上忙的地方……」當瑞秋在電話中說她丈夫生病了，因此那週不能見我時，我這樣提出。

「謝謝你。他現在只需要休息。」

然而我知道，我親愛的老牧師的健康狀況並不只是疲累那麼簡單而已。

幾天後，電話響了，我被邀請於下個星期一去拜訪他。

當我抵達時，熱氣籠罩著那個地方，偶爾會堅守它至上規則的太陽，正襲擊著房子的四面外牆。

漆白的外牆在陽光下明亮無比。我很驚訝地發現，在這樣的熱度下，盆裡的玫瑰花叢依舊鮮豔欲滴。紅玫瑰花仍然非常新鮮，它們的花瓣就像玻璃一樣清澈。

它們怎麼可能都不會枯萎？我想著。

花園有點雜亂，草也比平常更長了，我覺得很奇怪。

「午安。很高興再見到你。」瑞秋迎接我，看起來比平常還要疲憊。如我所預期的，老牧師並未到門口迎接我。

「如果你不介意的話，你今天可以在他的房間裡跟他說話。他正躺著，但他迫不及待地等著你。」

我輕拍她的背，打斷她的話：「你丈夫怎麼了，瑞秋？」憂慮讓我跨過了隱私的界線：「我知道他出了嚴重的問題。請告訴我是怎麼回事。」

她低下頭，幾乎整整一分鐘的時間停在那裡。她的肩膀微微抽動著，我知道瑞秋正在哭泣。有幾秒鐘的時間，我後悔問了她這個問題，而我不知所措。最後，我小心翼翼且遲疑地，將我的手搭在她的肩上，停留在那裡，試著讓她知道她並不孤單。

瑞秋重新振作，抬起頭來。今天她的雙眼並沒有因為堅定而發亮。

「癌症。」她終於說出口。

簡單兩個字，卻像匕首一樣尖銳，跟炸彈一樣震撼。

面對她的淚水，我已經不知道該做什麼，而現在，我更是不知道該說什麼。我倚在短短走道的牆上，試著整理遭受撼動的感受。

「很嚴重嗎？」我發現自己的問題很荒謬，於是咬了咬嘴唇。

經過短暫的沉默，我已不再等她回答了。最後，她說話了，但聲音很小：「兩個月。幸運一點的話，還有四個月。腫瘤很隱密，所以當它被發現的時候，已經在很多重要的器官上留下痕跡了。」

我的心臟跳到了喉嚨，彷彿想讓痛苦窒息。我的目光停在瑞秋身上，卻看不見她。驚嚇的狀態讓我久久不能自己，一直到最後我才有辦法問：「我想他應該有最好的醫生，對吧？」

「當然，但這依舊不是個簡單的疾病。」

「他知道嗎？」

「第一時間就知道，而且他很貼心地平靜承受這一切。」瑞秋臉上重拾的微笑也一樣貼心，將她的臉點亮。「他的信仰是穩住他的建築的基柱，也是高舉他旗幟的旗杆。」

「這句話聽起來好耳熟，我想他在佈道中有用過它。」

「他佈道時說了好幾次，而現在，他正表現出他真的知道如何活出他的講道內容。三個月前，他開始出現了一些明顯的病徵；從一開始，他就知道是非同小可的病，但我卻從未看他動搖過。」

「他從哪裡找到力量？」

「在十字架裡。」她毫不猶豫地，用絕對的肯定語氣回答：「十字架是他的避風港。在那裡，他能治療傷口、休息並得到修復。」

「你的丈夫深深地愛上帝。」我對瑞秋說。

「而且他也感到被祂所愛。」她虔誠地說。

「當痛苦擠壓進來時，他貼心地反覆說著：『祂為我受了更多折磨……十字架更加艱難，而祂以愛之名背負它。』」她再次用一個微笑完結這個句子。

「我很高興看到妳微笑。」

「我喜歡微笑。」她告訴我。

「微笑是很好的，」我同意：「我聽說微笑可以啟動一個肌肉群和荷爾蒙，進而產生重大的療癒作用。但是我佩服像你們這樣的人，在傷痛之中，仍然可以辦得到。」

「我這樣做是為我自己好，也是為我的丈夫好。微笑有益健康，不僅是對接收它的人、也對那些施予的人有效。那是個事實。就像有些情緒對身體有負面的作用，像是恐懼、猜疑、怨恨、忌妒、罪惡……」

她看著我，再次微笑。

「像逃離瘟疫一樣遠離這些感受，但不要逃離微笑。當你不想要的時候，更要微笑。這是最容易的動作，同時也是最令人滿足的舉動。我總是說它所需的不多，卻很值得；它只維持一眨眼的時間，然而有時效果卻是一輩子的。即使是富有的人也需要它，而他們可以將它提供給最貧窮者。毫無疑問地，這是一種神的恩賜，你借不到、買不到、偷不到；它是一種恩賜。千萬不要忘記微笑，即使在很不可能辦到的時候。」

她的嘴角揚起來，形成最甜美的表情，讓我看見她也活出自己講道的內容。

「請跟我來。」

老牧師臉色很蒼白，但是當我將頭探進他的房門時，他熱情地舉起雙臂迎接我。

「喔，我多麼想要再見你一面！」

「你還好嗎？」我的聲音顫抖著。

「這個身軀拒絕正常運作，」他邊說邊輕輕觸摸他的側身：「但我還是能撐過去。」

他微弱地笑，淺淺的笑聲在我沮喪的心裡點燃了一千盞燈。

他把聖經放在胸前。因為太過愛它，所以聖經已破舊不堪，他用所有研讀的力氣在上面畫出重點。空白部分則被筆記填滿，書頁的邊緣都捲起來了。

「真是一團亂。」當他注意到我在看的時候，不好意思地說：「瑞秋跟我說了一千次，我應該買本新的，但是我就是沒辦法把這本汰換掉。」

他用一種濃濃的甜蜜拿起它，用佈滿皮膚缺陷、浮腫靜脈和透過肌膚清晰可見的骨頭的雙手撫摸它。然而，當那雙手在聖經上游移時，看起來不像是手，而像是一雙天使的翅膀。

「它已經陪伴我好久，我無法想像自己沒有它。」

「無庸置疑，你很喜歡讀它。」看到這個人對自己的聖經這般虔誠，我感到有些愧疚。

「這是我的樂趣。沒有其他書能比得上，我可以告訴你（他堅決地反覆說著），沒有其他書能像這本一樣讓我成長。每天早晨，它都給我一個新的訊息，每天下午，我可以用它的故事娛樂自己。每本書都可以講述事實，但這本能讓人脫胎換骨。我的書房裡近乎兩千本的書都能呈現事實，但這一本，」他將聖經緊緊靠在胸前：「是唯一一本有力量的書。」

「你每年都會讀完整本嗎？前一陣子，一些朋友和我在討論每年讀經的好處。」

「我不確定，」他坦承：「但那對我來說真的無關緊要。我寧可確定自己每天讀它。」

「沒有份內的事情讓你沒辦法有時間讀它嗎？」

「不要把聖經看作你的工作簿。當它是上帝寫給你的一連串情書。那麼當你讀它時，它就不會是一種義務，而會轉變成一種單純的樂趣。」

他打開它，用他修長、纖細、顫抖的指頭翻閱它，像葡萄樹長出的樹枝一樣。

「你看……」他的食指明顯地在一句劃上底線的詩句上發抖著：「在我失敗挫折，聖經給我一個激勵訊息的那一天，我寫下這個筆記。另外這個筆記……」他輕鬆地跳到另一頁：「是神聖的文字變成一座階梯，提升我，還我從深陷沮喪的深谷中走出來。」

他用美妙且撫慰的溫柔看著我，然後說：「這本書像是充滿適合各種場合的寶藏和完美寶玉的箱子。」

「當然，沒有人能說你不愛你的聖經。」

「我可以跟你確定，這不是因為我的關係。」

他的虔誠跟他的謙遜一樣崇高。

「我怎麼能不愛它，何況它拯救了我的生命這麼多次？」

「拯救你的生命？」

「你看，」他邊說，一邊用他身體湧出的微弱能量拿起聖經在我面前揮舞著：「這本書是帶領我到最安全港灣的船隻。有時候，我為了要爬上這艘船而筋疲力竭，但它會帶領我到十字架。那是我重生的地方。為什麼這麼少教會傳佈整本聖經的信息呢？為什麼這麼多人寧可講述其他的故事呢？也許會有更吸引人的信息，但沒有比它更強大的了。很多主題可能具有娛樂性，但它們不能拯救生命。其他議題也許能令我們驚奇，但只有十字架能為我們帶來轉變。」

他將聖經放回胸前，雙手握住我的手，急切地看著我。

「在你發展事工時，不要專注於令人驚奇的事物上，而是要專注於那些能為人帶來轉變的事物……人們到教堂來，並不是因為講道人的口才而感到驚奇，他們是去那裡享用最古老、同時也是最重要的食物——上帝旨意的信息。你有聽說過設計師廚房嗎？」

我搖搖頭，他解釋給我聽：「餐盤都裝飾得很精緻，但裡面的食物實際上只有兩公克左右。」

他開始笑。

「如果我飢腸轆轆地到那裡，我不需要那些虛華的裝飾，我需要的是食物。有一些信息就像那些裝飾一樣空泛。你要逃離它們。另外，上帝給了我能夠聆聽到得勝的講道的恩賜……充滿著聖經，充滿聖靈，以致聚會結束時，我可以說：『我今天吃飽了。』在教堂的聖壇上，不要當一個美食大廚。在廚房裡要堅決，而要辦到這一點，就必須有聖經，研讀和禱告作為基底的材料。呈上足夠份量的東西，之後你就可以隨心所欲地裝飾餐盤。在外表呈現上可以試著做到美好，但是最重要的，是要確認這裡面含有營養的食物。」

我看著老牧師，看到他對聖經的熱情，不禁在意識中感覺到一股痛擊，想起不久前發生過的事件，還歷歷在目。

那是我在馬德里搭地鐵時所發生的事。我那時手臂夾著一本聖經。那本聖經是我每個星期日帶去教堂的一本黑色金邊的大本聖經。

突然間，同個車廂內的一群男孩開始盯著我看。我確信那些男孩知道我挾帶的不是一本運動雜誌，而是一本宗教書籍。我一點都不懷疑，因為他們開始竊竊私語，指著我偷笑。

我立即做出反應。在到達第一站時下車，等待下班車。而且我必須承認，我脫下了外套，小心翼翼地把聖經包覆在裡面，好讓它不被看見。我立刻產生了一種強烈的羞愧感，心裡五味雜陳，但其中比較強烈的感受是愧疚和難過。那在我心中如雷一般地迴響的福音評斷是：「如果有人以我和我的教訓為恥……人子也要以他為恥……」（馬可／馬爾谷福音 8:38）使徒可敬的膽識也責備著我：「我不以福音為恥，這福音是上帝的大能，要拯救一切信的人。」（羅馬書 1:16）

列車消失在黑暗的隧道裡，而我也一樣，黑暗的罪惡感完全地充斥了我。慢慢地，我將手伸進緊貼在胸前的夾克內，我用手指緊緊抓住神聖的書籍，把它拿了出來。幾乎在那同時，我內心充滿了平靜。我打開聖經，開始讀：「所以，上帝並不因他們稱祂為上帝而覺得恥辱，因為祂已經為他們預備了一座城。」（希伯來書 11:16）我感覺到上帝在對我微笑，指著我對我說：「**你是我的孩子，我是你的父神……我以你為榮。**」就在那時，我聽到背後有個清晰、溫柔的聲音。

「先生，你在讀的是一本聖經嗎？」

我回過頭，看到一雙湛藍如天空的眼睛，帶著單純的童真對我微笑。

「是的，」我有點訝異地說：「我在讀聖經。」

「我也是，先生。」女孩說，然後拿一本兒童聖經給我看，那本書從內頁到封面都已經撕裂，是因為使用過度而殘破不堪：「你看，先生，這是我最喜歡的部分：『讓小孩子到我這裡來，不要禁止他們……』耶穌是這麼好！你不覺得嗎，先生？」

安靜的列車中，小女孩的聲音非常清晰，但對我來說，那是來自天堂的悄悄話。很多好奇的目光穿透我們，但小女孩繼續與我分享她在聖經裡讀到的美好事物。

「嗯，我最喜歡的部分，」我幾乎大叫地說：「是〈約翰福音〉（若望福音）裡的第三章第六節。妳知道嗎？」

「當然！」小女孩天真而開心地叫出來。

「那妳可以解釋給我聽嗎？」

天色漸漸暗了，但是在我離開老牧師的房子時，我心中繼續感覺到強烈的暖意。沒有一絲一毫的微風騷動，那荒涼郊外的安靜絕對是美妙而具有啟發性的。

我一點都不意外地發現一朵新的紅玫瑰開始在其他花朵同伴間綻放。它的花瓣很新鮮，它的完美無瑕即使在陰影中仍舊清新脫俗。

第八個星期一

平凡的燭火，璀璨的煙火

比起曇花一現的璀璨煙火，

蠟燭簡單的火焰更能有效地對抗黑暗。

那個星期一，我比往常還要早一點到，我答應瑞秋我的拜訪將會很短暫。我絕不願耗盡老牧師僅剩的一點力量。

「你不用擔心，」她跟我說：「你的拜訪可以幫他充電，而且在這艱難的時刻，你的拜訪會是很大的鼓舞。」

當我們打開他的房門時，看到他正在睡覺。

「是鎮靜劑。」瑞秋不好意思地說：「那些藥物能消除他的疼痛，但它們不是讓他馬上陷入沉睡，就是讓他睡不著。」

「他會介意我坐在床頭的地方嗎？」我詢問他親切的妻子：「我想先閱讀，等他醒來。」

瑞秋離開之後的幾秒鐘，我看著、聽著老牧師祥和的睡眠。看到他休息的模樣，會讓人想到一個驍勇戰士在一場戰役之後休息的樣子。

「睡吧，好好休息，」我輕聲說，知道他並不會聽見：「你的生命已經有了目標，而你也已經在一路上留下痕跡，讓我們其他人都想要追隨……」

當我感覺到老牧師的注視時，我非常訝異；他突然間張開了雙眼。

「你來了，對不起，」他連忙道歉：「我整天都在睡。我想是因為講的故事讓瑞秋覺得很無聊，所以她給我吃那些藥丸，讓我睡著，好讓我閉上嘴。」

「我不覺得是這樣子，」我笑道，友善地拍拍他的手臂：「休息對你是好的，如果你想再睡，我可以先離開，下次再來。」

「千萬不要！你的陪伴讓我覺得好多了。跟你說話能讓我學到東西。」

「學到東西？」我聽到這樣一位八十三歲的智者對我這個弟子說的話，感到不解。

我體會到他的謙遜是多麼激勵人心。

「我一直不停思考你上週一和我說的話：『不要專注在令人驚奇的事物上，要追求能夠**帶來轉變**的事物。』我思考了很久你所說的建議，相信其中有著很重大的宗旨。」

「孩子，」老牧師臉上的表情明顯表現出讓他感到困惑的事：「恐怕有太多教會為了要迎合『流行趨勢』，而背離了他們莊嚴神聖的責任。他們改變了事工的重點，將他們努力的方向變成要滿足人類的期望，而不是神的期望。有時候會發生的是，一個應該要向上帝敬拜的事奉，演變成了敬拜人類情緒的事奉。他們把敬拜這個簡單且強烈的動作，轉換成為一個炫耀能力和煽動情緒的表演，成功地用電子產品和特效讓人們嘖嘖稱奇。」

我的老牧師靜靜地等待，確認我有在聽他說的話。

「我懂，」我點點頭：「那些人比較醉心於吸引『信徒』大過於呼喚神的顯現。」

「不過我不會稱他們為『信徒』，因為他們一旦聽到更吸引人的節目，就會馬上離開。類似這樣的情形會發生，而這樣的結果是顯而易見的：那些教堂會充斥著一群隨著音樂跳躍、搖擺的會眾，像是發作的癲癇患者。他們吼叫，甚至哭泣，被一場電子效果的演出所撼動，而不是因為精神上的感動，然後他們離開教堂、回到社會，卻與其他人沒兩樣……一點不同都沒有。」

他看著我，檢視他的話對我引起的反應。

「請了解，我並不反對好的音樂或是尖端科技。我可以欣賞一個在敬拜和佈道中融合當代技術和符合時宜的教會。我了解為了要觸動二十一世紀的社會，我們不能用十九世紀的方法。但我相信真正對神的敬拜，應該是要幫助人們改變。人造的敬拜根本是另外一回事。有太多教會在他們事奉結束後就打開大門，派出一個團體到世界上，讓人們因為他們的『表演』而感到驚奇，卻一丁點都沒有因此改變。只感到了驚奇，卻沒有轉變。他們在數目上是巨型教會，但是在品質上卻是微小的教會。」

我同意老牧師的教訓，讓他更想繼續說。

「我們的問題常常是：多少？多少人舉起手來回應呼召？多少人出席聚會？我們講

了多少場佈道？我們創了多少座教堂？」

他的表情很有意思，他的話語充滿堅定。

「上帝的問題是：『誰』和『如何』。誰舉起了手？誰在佈道？那個出去傳道的人的生活如何？我們創始的教堂如何？誰在裡面事奉？那些信服我的人們的生活又如何？」

他閉上雙眼許久，久到我以為他又睡去了，不過他之後睜開了眼睛，問：「可以麻煩你幫我拿抽屜櫃上的那個木盒嗎？」

我把東西拿給他，他把它放在雙腿上，沒有打開。他解釋道：「瑞秋和我以前都在亞里坎特（Alicante）[1]海邊的一個小漁村度過夏天。那是個祥和的地方，還保有幾年以前的漁人傳統。我們很喜歡在午後到海港去，看那些一早就出去打漁的船隻入港。有好幾次，我們去一個傳統的魚市場，很多不同的生意人和餐廳業者都在那裡用最好的價格標到上等魚貨。不過我們假期中最特別的時光之一，是在七月的一個夜晚。那天是他們在海灘點燃所謂『煙火城堡』的日子，那是每年都會舉辦的活動。當天色開始暗下來的

1 編注：位於西班牙東岸、臨地中海的一個小城市。

時候，人們會往海灘前進，盡可能地靠近大海。午夜時分，他們會熄掉海邊木板走道的燈，讓一切陷入黑暗之中。突然間，第一發煙火衝上天空，在高空中炸開，變化出百萬種不同顏色的光芒。那只是個開端。

「從那刻起，夜空會變成一幅油畫布，上面會有火花和最美麗的光影。之後的十五分鐘，天空會充滿爆炸的聲響，混雜著我們這些特地來觀賞美妙煙火展示的人的讚嘆聲。一切都規畫好要成就十五分鐘的驚奇和讚歎。最後的煙火讓我們席地而坐的地板都震動了，表示表演已接近尾聲，然後寂靜和黑暗重新籠罩。」

「那應該很美，」我回答：「你描述得如此詳細，我都可以看到天空裡的光和聽到煙火炸開的聲響。」

「的確很美，」老牧師坦承：「那真的很美，但在那晚之後，每一年我都會做同樣的事：我會在隔天早早起床，走在那片幾小時前我們站在那裡驚歎得目瞪口呆的同一片沙灘上，你知道我發現什麼嗎？」

不等我回答，他打開盒子，從裡面拿出燒焦的紙板碎片、鐵絲，以及燒過的火柴。

「這是在沙灘上留下來的東西。」

他把東西拿起來，我發現他的手因為剩餘的灰燼和燒焦的紙板而髒污。

「這些是那些讓我們驚奇無比的煙火所遺留下來的殘破碎片。構成短暫演出的導火線和鐵絲。」他意有所指地看著我：「十五分鐘的榮耀，然後就燃燒殆盡，成為紙板。」

我因為他這充滿寓意的比喻而微笑。

「如果這些不是那麼悲傷，就足以讓我們笑了，我的孩子。這些燒焦的紙板碎片讓我想到太多那種一時風光的人，最後卻成為燒焦的灰燼。魅力無窮的人、高傲的佈道者、有天使般歌喉的男人和女人，或是能創作出如星辰般音樂的人……但在風光之後，他們消失了，或是遭到那些要求他們更多的人的玷汙而黯淡。是的……」他用越來越強烈的悲傷語調重複說：「有太多人可以遠遠地讓大家稱奇，但在近距離，他們只會弄髒大家。」

老牧師再一次將手伸進木盒裡，這次他拿出一支簡單的白蠟燭。

「可以請你把燈關掉嗎？」

我關掉開關，房間陷入黑暗。老牧師用火柴點燃蠟燭，燭火馬上亮起。

「這個好多了。看到了嗎？小小的火焰……這個在日光下完全不起眼的橘色亮點，變成了航海人的燈塔，好讓他們能在一片漆黑中導上正確的軌道。你看得出這個簡單的光芒如何克服黑暗嗎？它不會讓任何人驚豔，但它能夠擊退黑暗。這支蠟燭代表著上百的男人和女人，用簡單、微妙和低調的行動，在人們的生命中帶來改變，在人們的周圍點燃光芒。請求上帝恩賜你在你的教會中能擁有很多這樣的人。」

「很棒，」我驚歎地輕聲說：「這是個很棒的闡釋。」

「你知道燭火的光芒可以從十七哩之外被看見嗎？」

他聰明地保持安靜，好讓我能理解到這個訊息的可信度，然後補充說：「只需要一個條件：黑暗。」

他專注地看著我。

「孩子，周圍的黑暗多到讓我們需要一整個軍隊的蠟燭。小小的火焰會帶來最有力的改變。我絲毫不會懷疑愛因斯坦是個聰明的人。他不僅在科學的進步上有貢獻，同時也擁有比那更深的智慧。有一次，他說：『不要想成為成功的人，要試著成為有價值的人。剩下的就會自然來到。』不要專注在令人驚奇的事物上，要追求能帶來轉變的。不要讓自己被那十五分鐘的驚豔煙火所迷惑，之後又受到它的玷汙。要追求更有深度的事情。不要把魅惑你的聽眾當成目標。在確定你的事工跨越了靈魂的界線、觸動到精神層面之前，千萬不要休止，因為只有在那裡，才能達到改變。」

他吹向蠟燭，燭火隨之熄滅。我按了開關，打開電燈。

老牧師把盒子遞給我。我接過盒子，將它放回抽屜櫃上。當我轉過身時，發現他已經睡著了。

他平靜地呼吸著，呼出了一種超乎自然的平和。

雖然他已陷入沉睡，但他的訊息已喚醒了我。

我緩慢地離開，試著不要打擾老牧師的休息。在前往大門的時候，我甚至沒看到瑞秋。然後很快地，我已經跪在玫瑰花叢旁了。

一朵小玫瑰即將綻放。那是玫瑰叢中綻放的第八朵紅色花朵。它的香氣非常平淡，但是它在夜晚中展現出簡單純粹的純潔。

在完全黑暗的天空下，我向天禱告：「這就是我想要的，神啊，一個簡單的器具滿足了永恆的目標。最沒有用處的器具，卻在最有用的雙手中——祢的手中。」

第九個星期一

怎麼開始不重要，重要的是如何結束

信仰忠誠是從安定沉穩中表現出來的。

最上等的木材，是生長在最崎嶇山腰上的樹木。

「有時候十字架是很沉重的，不是嗎？」

在問他這個問題的同時，我知道站在我面前的，是個用令人敬佩的信仰忠誠度背負十字架的人。

「毅力是基本條件，」他解釋道：「放下你自己。耶穌說：『每天高舉你的十字架。』有一些『春天』的基督徒會在冬季消失，他們就像一直為了找尋更溫暖的氣候而不停遷徙的鳥兒。一個真正基督徒的特色，就是信仰忠誠。你有聽過法蘭西斯・尼科（Francis Nichol）嗎？」

「沒有。」我老實說。

「我對他也沒有很多認識，除了他說過一段話讓我前一陣子反覆思考：『當你終於完全了解成功（success）這個字的字根時，你會發現它的意思是繼續往前進。』我想它試著要勾勒出的圖畫是一棵承受惡劣天候的樹，仍舊維持在它當初被植下的園地上。」

我冒險地問：「有時風會吹得如此強勁，強到威脅著將我們連根拔起。」

「恰恰相反，」他堅定地說：「風暴能夠使我們更強壯。你知道木材公司不僅有砍樹的人，也有負責植樹的人嗎？他們知道要在哪裡種樹，讓它能產生更好品質的木材。當他們在一座山裡造林時，他們會勘察地形，直到找到所謂的脅迫因子（stress factors）。」

「脅迫因子？」

「是的，脅迫因子是那些山上最容易遭到強風和暴雨的地方。在那些脅迫因子最突顯的地方，就是他們造林的地方。從第一天開始，這些小樹就體驗到冬天的殘酷和夏天的艱難。當強烈的暴風雨來臨時，它們知道存活的唯一選項，就是將自己的根扎得更深。乾旱的時候，它們把根伸得更加深入，好取得地底下的泉源。在這個艱難的過程中，它們的樹幹就會長得更強壯。當然並不是所有的樹都能存活下來，不過那些存活下來的，都能有品質更好的木材……是人們最想要也最追求的。」

「那麼，當風沒有大到將我們打倒時，折磨苦難總是能夠讓我們更強壯。」

「對樹來說是這樣，但我們不是。」老牧師點出：「那就是為什麼我們有信仰。焦慮會讓我們整晚不睡，但信仰是很奇妙的枕頭。最重要的不是開始賽跑，而是抵達終點線的不懈決心。讓我告訴你一個故事。」

那是他的引言，所以我準備好聆聽另一則有趣的寓言故事。

有一段關於達文西的軼事，那個偉大的畫家、雕刻家、發明家，他的畫作〈最後的晚餐〉是歷史上被複製最多次和銷售最好的藝術品之一。這幅畫，達文西花了二十年才完成，因為那時候，要找到可以當他模特兒的人非常困難。事實上，他連開始著手畫作都有困難，因為他找不到一個可以代表耶穌的模特兒，一個能夠在臉上呈現出純潔、高尚和最可愛感覺的人，並且那個人必須擁有獨特的人性美。最後，他找到一位年輕人具有這些特徵，而那是他第一個畫出來的人物。

之後，他去尋找十二使徒；他一次畫完，只留下猶大的位置，因為找不到合適的模特兒。那必須要是個年紀成熟，臉上呈現出背叛和貪婪表情的人。因此那幅畫很長一段時間無法完成，直到他們告訴他，有個可怕的罪犯被逮到成為階下囚。達文西跑去見那個人，發現對方正是他想要完成作品的猶大形象。所以他請求市長，讓這名囚犯當他的模特兒。市長知道他的名聲，很樂意地接受，並下令把囚犯帶到畫家的工作室，用鎖鏈綑綁著並由兩位保鏢跟隨。

作畫過程中，囚犯沒有表現出任何被選中當模特兒的情緒，而是完全維持著安靜和距離感。最後，當達文西很滿意自己的成果時，他叫那囚犯過來，讓他看那幅畫。囚犯看到畫後很是驚奇，並當場下跪哭泣。達文西很驚訝地問他為何哭泣，囚犯反問：「達文西大師，你不記得我了嗎？」

在仔細審視過對方之後，達文西回答：「沒有，我從未見過你。」

那囚犯一邊哭泣，一邊請求上帝的原諒，然後說：「大師，我就是你十九年前挑選來擔任這幅畫中的耶穌的模特兒。」[1]

老牧師講完故事後，已經很疲累，沒有再對我說任何話。他閉上眼，我以為他在睡覺。我慢慢起身離開房間，想讓他好好休息，但當我把手放在門把上時，我聽到他在叫我。他以手勢要我靠近他。

「踏著十字架的旅程，直到最後。」他告訴我。他的眼睛覆蓋著一層水，蘊藏著一抹微笑。「不要放棄。十字架有它的代價……但不會有比它更美麗、更值得擁抱的了。」

當我離開屋子時，夜色像件黑暗溫暖的大衣。月色刻畫出我的倒影，在它的光暈下，我下定決心要在一本雜記裡寫下這一切——就是各位現在正在讀的這本。

我再次停留在玫瑰花叢前面。白色的玫瑰花仍舊挺挺矗立著，而在它們當中，夜晚的微風搖曳著上週一綻放的紅色玫瑰，仍舊保持著新鮮濕潤。在它們旁邊，一朵新的花

---

1 西班牙文原創故事，作者為荷西．卡洛斯．培梅荷，*Regálame la Salud de un Cuento*（Santander, España; Sal Terrae，2004），69。

朵正要綻放。它鮮少的花瓣雖然仍在緊密的花苞裡，但看得出來是紫色，且幾乎接近黑色。

我站在門邊，抬頭看看天空，看著包覆著繁星的夜空。

「上帝是愛我們的。」老牧師對我說過：「大自然給我們上千個禮物，展示著神對我們的愛。」

第十個星期一

讓生命變可貴的時刻

如果你想要有決定性的影響力，

就要每天坐在耶穌的腳邊，然後告訴這個世界你所看到的。

「你應該過來。」瑞秋在電話裡拒絕我的推托：「真的，你不會打擾到他。我知道他與你在一起的時光會讓他重拾青春。」

我接受了讚許，但為了不要累壞我的老牧師，仍堅決僅短暫停留。

十月近了，沒有雲、沒有寒冷，只有幾陣薄霧，這些霧消去之後，讓天空更高更藍了。這時的午後時分很怡人，房子周圍的一切都在休息。圍繞著房子的樹木，葉子在九月時染成了泛黃或是暗鏽色，現在它們枯萎的外皮正凋零著，飄落一地，將地面覆蓋成一片黃，然後再被十一月的風捲起。

我看了在我腳底下沙沙作響的葉子幾秒鐘。

那會是十一月的風唯一帶走的東西嗎？我想到我的老牧師而顫抖。

我看到他在床上，如同我所預期，他更消瘦了，但依舊保持一貫的微笑。

「我馬上去端咖啡來，你想用一點餅乾嗎？」

我搖搖頭說不用，雖然我的胃提醒我從早上到現在都還沒吃。但我不想麻煩瑞秋。她托盤裡已經有足夠的東西了。

老牧師可能讀出我的想法，也或許他聽到了我的胃在翻攪，因為他請他妻子端一些剛剛烤的餅乾給我。他的請求聲比平常還要微弱，然後看著我，又說：「你會發現，這一生中你沒有嚐過更美味的東西了。」

她對他微笑，又感激又害羞，暈紅了雙頰。

瑞秋很快地端著熱咖啡和一盤餅乾回來。

「試試看，試試看。」老牧師像小孩子似地堅持說著。

「嗯。好美味！」我在吃下一口時閉上了眼睛。「你說的沒錯。這真的很美味。」

「我說過了吧？」他試著坐起來強調他的話：「她是個獨特的廚師。」

我很欣賞他在可怕的病痛中，還能因為這麼簡單的事情而興奮。他的表情讓我想起很久以前聽過的準確描述：「很多人在等待偉大幸福的同時，會失去簡單的樂趣。也許，享受撿貝殼的樂趣，會比生為百萬富翁來得好。」[1]那樣的想法裡，蘊藏著多麼大的真理啊！

瑞秋彎上前，溫柔地親吻老牧師的唇。

「你太誇大了。」她邊說邊撫摸著他的臉頰。

在瑞秋伸回手之前，老牧師抓住它親了一下。

---

1 西班牙文作品摘錄，摘自巴克（Pearl S. Buck），http://es.wikiquote.org/wiki/Pearl_S_Buck。

「我一點都不誇大，瑞秋。我以妳為榮。」

我覺得自己好像入侵者，侵犯到他的個人空間，但我非常喜歡這樣溫柔的場景。我相信現在我看到的場景和我們最近討論的事有關：**事奉他人，放下自己**。那是這對老夫妻在他們生命中所付諸實行的，也是他們現在為彼此所做的。

在我面前的，是兩個十字架的英雄。他們都有自己獨特的痛苦，但他們決定超越它們，去對彼此付出愛。

當瑞秋離開後，老牧師困難地坐起來，請我在梳妝台的第一格抽屜拿出一個信封。我拿給他，他從裡頭抽出一張因為年代久遠而泛黃的紙張。

「你看。」他攤開紙張，把它遞給我。「這是我年輕時寫給一位老牧師的短信，我那時是個忠心、涉世未深的年輕人，進了一間你很熟知的教堂裡牧會。」

那張紙有兩道摺痕，墨水已經褪色，但還是清晰可讀。我可以認出那封信是用他拿來寫每一篇傳道內容的那支墨水筆寫出來的。

我用眼神詢問他是否同意讓我讀，他作手勢鼓勵我開始讀。

親愛的羅德里蓋茲牧師：

請原諒我大膽寫信給您，並佔用您寶貴的時間。因為我需要建議，才會寫信給您。

我剛剛被任命為一個小教會的牧師，而我覺得這樣的責任對我來說過於重大。我面對這崇高的挑戰，有很複雜的感受，這當中最強烈的感受是恐懼和焦慮。

一方面，我感到很榮幸能事奉我們的上帝，但另一方面，我感到無比的恐懼，因為我不知道該怎麼辦。我怕我會無法勝任這個崇高的呼召，因此請求您給我一些建議，幫助我有效並有自信地開啟這趟奇妙的旅程。

誠摯地感激，請接受我的誠心和敬仰。

我看著我的老牧師，他知道我理解故事裡的意義，專注地看了我一下子。我試著把他想像成那個天真的年輕人，在幾十年前寫下這封請求協助的信，但是我沒辦法想像。是這些年將一個膽怯的年輕人轉變成一個強壯的僕人、賦予他不容置疑的權威嗎？我無法停止看他那張刻劃著深深皺紋的臉，在我看來，那像是戰爭的傷痕，因此我認為，他的年歲並非他轉變的原因。他的脫胎換骨並非因為他生命的年歲，而是他投注進去那些年歲裡的生命。

「現在你明白了吧！」他拿回那張紙，再次將它折起來。「我也有過恐懼。非常多，而且有些是很大的恐懼。」

「你有收到回覆嗎？」我急切又好奇地問。

「在這裡。」

現在他遞給我的紙張就跟第一張紙一樣陳舊。我攤開後，發現它是在第一張之後的二十天寫的。

親愛的同志：

謝謝你在你的問題中明顯對我的信賴。讓我恭喜你接受了牧師的挑戰。這是個風險，我不懷疑，但同時它也帶來高尚的特權。

你要我的建議，而我覺得自己不適合給你建議。我自己也是在學習，即使三個星期前已經度過七十五歲的生日。

我要和你分享的不是建議，而是對我有用的祕訣。

每天早上我做的第一件事、投入的第一個活動，就是跪在耶穌腳邊，敬拜瞻仰祂。那樣的視野轉變了我的人生。

也許看起來很簡單，但我不會用任何事來取代它。在一天最開始的幾分鐘，將我自己沉浸在與耶穌的親密裡，已經成為我生命和事工的動力。

我坐在祂的腳邊瞻仰祂，而祂在祂的存在中重新創造了我……其餘的會自然而然來臨。當祂說話時，祂的聲音會改變我；我所要做的，只是重複祂的話。當祂看我時，祂的愛激發我，同時給了我祂的權威。

親愛的同志，如果你要我的建議，那會是：注意聽這句話，因為它蘊含五十年事奉的精髓——每天坐在耶穌的腳邊，然後告訴全世界你所看見的。

誠摯地與祂同在。

我盯著那張紙大概有整整一分鐘的時間。

「每天坐在耶穌的腳邊，然後告訴全世界你所看見的。」我最後說著，沒有把目光移開信紙，同時吸收那句話的深度。

「我每天都將之付諸實行，」他補充：「工作好像一切都以我為主，而禱告好像一切都以神為主。我沒有找到比坐在耶穌旁邊更愉悅的地方了。那就是即使在困難中都能生活和事奉的祕訣。」

我聽著他說，一邊沉思著。

我不知道要回答什麼，他也沒等我回答。他定睛看著我微笑，臉上的每一道皺紋都在發亮。看著他，我想起某人很久以前對我說過的一句話：「你可以信任一個微笑時變得美麗的人。」

「去愛神！」他以權威告訴我，卻沒有失去溫柔。「祂絕對是愛我們的。祂用許多方式來表現：清晨漸亮的曙光、黃昏黯淡的天光；大自然中美妙的色彩混合、每座森林裡鳥兒創作的和聲。我們受到愛我們的神給我們的成千禮物所包圍。愛祂會是我們的優先考量，是我們事奉祂唯一且充足的動機。你看……如果我們不是出於愛而事奉，我們最後會放棄事奉。人類沒有足夠的力量去抵抗整個人生都投入事奉的打擊。只有愛能夠給我們踏上這趟旅程的必須力量。」

「愛祂，」我同意：「我懂，但是我如何能愛祂更多？」

「透過更了解祂。」

我被他立刻的回答嚇到。

「祂必須是你生命的中心，你事工的重心。」我智慧的牧師繼續說：「至於我，越懂祂，就越愛祂。只要找尋祂、證實祂、認識祂……那麼愛祂就會是個合理的結果。這對你來說，不會很難。相反地，在看見祂的笑容之後，你就不可能不愛祂。」

「你放心，我會用所有的力量去像你那樣地愛神。」我用一個正式的承諾回應他。我感覺到眼睛裡無預警的眼淚就要奪眶而出。

「孩子，你不用試著去愛上祂。只要在你的日常生活中撥出時間給祂。祂的存在對你將會是如此自然，你將無法沒有祂而活。」

他伸手到我臉上，抹去滑落我臉頰的淚水。「只要與神一起生活，其餘的就會自然發生了，而那會解決你所有的憂慮。很久以前，我總結出一個合理的信念：我為何要擔心？擔心自己並非我的責任。我的責任是考慮到神，考慮我是神的責任。」

我對他因為這樣的單純而蘊藏的巨大智慧而感到驚奇。

「最後一句不是我說的。」他坦承：「那是法國思想家西蒙娜・威爾（Simone Weil）所說的真理，但我把它當成生活的座右銘。」

我們道別時，我擁抱他好久，感覺雙臂抱著一個極度脆弱、卻不可思議地強壯的人。我想到某位歷史學家描述林肯時所用的句子：「一個鋼鐵人，同時是一個絲絨做的人。」[2]同樣的描述適用於我懷抱著的僕人。

2 摘自詹姆士・杭特（James C. Hunter）、*La Paradoja*（Ediciones Urano S. A Colección Empresa Activa, 1999）。

「坐在耶穌的腳邊。」他強調，從我的懷抱中抽身。「當你告訴他們你所看見的，這個世界將會感到驚奇。」

我離開他的房間，相信他日漸虛弱的身軀閃耀著超自然的光彩。一道光從他體內發出，讓他發亮。

當我離開老牧師居住的房屋時，夜幕已低垂。很快地，月亮就會升到天空中，花園裡的花朵會開始散發它們甜膩而溫暖的香氣，但紅玫瑰依舊在原地，以精確的時機綻放它的花瓣，隨風搖曳。

瑞秋關上門後，我無法抵抗跪到玫瑰花叢前的衝動，我也無法壓抑湧到唇邊的禱詞：「幫我，神啊，靠著祢的心而活，讓我的心跳能與祢的心跳一致。願祢的目光是我的呼吸，願我重視祢勝過其他一切。願祢的聲音成為我的喜樂，願我停止聽自己折磨的聲音。我想用很長的時間來瞻仰祢，好讓我可以向全世界描述真正的美麗。」

第十一個星期一

傷痕

幸福的真正祕訣不在於一直做你想做的事，

而是永遠想要做你正在做的事。

下個星期一終於到了，我滿懷希望地來到老牧師一手打造的那個祥和平靜的避風港。白晝漸漸縮短了。雖然這週以來天氣一直很冷，但是今天的空氣卻很溫暖。

出乎我的意料之外，那天是他來為我開門。在一個充滿強烈情感、實際上卻只展現了微弱力氣的擁抱以後，他緩慢地走在我面前，彷彿在地板上滑行一樣。我感覺他的日子將要結束了，如同那秋天吞噬掉夏天日照的時光。

醫生為他預測的死亡時間早已來到且過去了，但他的病徵還是殘酷地大聲叫囂著這個預言終究會來到。然而那並沒有困擾他，他反而更常微笑了。他總是在微笑，彷彿因為即將與心愛的天父重聚，而滿懷希望。

他轉過身來，看我有沒有在聽，然後一個甜美的表情軟化了他的臉，讓他有種好奇孩子般的模樣。

我們經過了廚房，在走廊上的一張桌子旁停下來，他在一把椅子上坐下來。

「我們來享受這最後幾道陽光吧！外頭寒冷的時候，沒有什麼能比感受到臉上第一道陽光的刺痛更棒的了。」

他再次微笑，我好像看到一個快樂的孩子。

「這樣的溫度太棒了。」

他指了指面前的那把椅子。

「你知道嗎，孩子，」他一直都這麼叫我，「今天我覺得被神所愛。」

我沉默不語，想好好享受那烙印在他話中的愛的語調。

「祂那麼愛我們。我們並不值得，但是祂對我們的愛卻勝過一切。」

「你說的沒錯。」我低聲地同意。

「你願意讓我給你講個故事嗎？」

「請說……」

於是他開始說：

在一個炎熱的夏天，一個小男孩決定到屋子後面的湖裡去游泳。他從後門跑出去，跳進水裡，很高興地游著，但他並不知道，有一隻鱷魚正接近他。

他的媽媽從房子裡的窗戶往外看，很驚恐地目睹正在發生的一切。她馬上往兒子的方向跑去，聲嘶力竭地叫喊著他。小男孩聽到她的叫聲，害怕了起來，轉過來游向他媽媽，但為時已晚。只見他媽媽從甲板上用盡所有力氣抓住小男孩的手臂，那時鱷魚正往小男孩的腿上咬了下去。女人用盡全力拉小男孩的手臂，鱷魚的力量大多了，但母親的愛更強大，她的愛給了她超自然的力量。

一個聽到尖叫聲的男人急忙帶著手槍跑去他們所在的位置，對著鱷魚開好幾槍。小男孩存活了下來，雖然他的腿很痛，也動了幾次手術，所幸還能走路。他在度過創傷期之後，一個記者問他，腿上是否還看得到傷痕？男孩聞言掀開被單，讓他看一下。後來，他見記者露出擔心的模樣，便很驕傲地脫掉身上的T恤，指著手臂上的傷痕說：「你應該看的，是這些傷痕。這些是我母親為了不讓鱷魚吞掉我，緊緊抓著我時，指甲留下的傷痕。這些傷痕是因為母親那時沒放手，也因此救了我一命。」[1]

我的老牧師因為情緒激動而閉上雙眼。

「有時候，生命會讓我們受傷，」他輕聲說：「但當一道傷痕讓你痛苦時，要想起真正的傷痕是那些在十字架上所受到的傷。祂並沒有放棄寬恕我們，而那些釘穿祂的釘子是給我們的錨，以免我們被大海吞噬。那是恩典，我的孩子，是祂的愛給我們的無私恩賜。」

他的信息流露出虔誠，他的言語充滿熱情，讓我感動落淚。在我面前的，是個幾乎走到生命盡頭的人，但是每當他想到上帝的愛，就能重新獲得所有對生命的熱情。

「『我只知道兩種理智的人，一種人全心全意愛上帝，因為他們知道祂；另一種人全心全意追尋祂，因為他們不知道祂。』」

他剛剛引用了布萊茲．帕斯卡（Blaise Pascal）的話，他是個終其一生都表現出獨特信仰的法國科學家。

「千萬別忘記，十字架會留下傷疤。」他警告我：「聽著，孩子，當我們決定要背負十字架時，就擔起了受磨難的風險。但你可以放心，即使是受難，也會是值得的。為了那位為我們而受到如此多折磨的神的愛，死都是值得的。況且不管是誰，只要是事奉神的人，他身上的傷疤都是事工的真實證明。因為你想要事奉上帝，對吧？」

他專注地看著我，彷彿試著從我眼中看出答案，而不是從我嘴裡聽到答案。

我等了幾秒鐘才回答。一陣神聖的靜默籠罩了門廊。他的雙眼繼續穿透我，直到我終於開口說話。

「第一個星期一我來到你的房子時，我那時堅決要放棄，認為事工並不適合我。那些我們一起度過的日子，你給我的教誨和榜樣，讓我現在堅定地知道，如果我不事奉上

1 西班牙文原創故事，作者為荷西．卡洛斯．培梅荷，*Regálame la Salud de un Cuento*（Santander, España: Sal Terrae，2004），26。

帝，我將永遠都不會快樂。」

一顆斗大的淚珠慢慢地從老先生的眼中冒出來，滑落他的鼻側，潤濕他的嘴唇，然後掉落到他垂放在腿上的手背上。雖然他的健康情況在惡化，他的感性卻日益增加。

他用因為情緒激動而顫抖的聲音說：「幸福的祕訣不在於一直做你想做的事，而在於永遠想要做你正在做的事。我確信瑪麗和你都愛著上帝和祂的創造。你的傷痕說明了一切。繼續愛祂、繼續事奉，關心祂的一切，千萬不要懷疑，祂一定會眷顧你們的。」

他停頓下來，再次盯著我。

「我從來沒有公開地坦承過，」他說，表情裡帶著一抹淘氣：「我一直都很熱愛足球。我最喜愛的一位足球員——也許是因為他的冷靜或是面對壓力時的自制力——是博斯克（Vicente del Bosque），他是二○一○年世界盃西班牙國家代表隊的主教練。被問及他的策略時，他說他的哲學包括**消除設限的想法**，意思是，要幫助每個隊員發揮自己所知道的最佳狀況，執行盡可能的完美。」

我點點頭，一邊思考著。此刻，他如此用力地看著我，讓我不禁顫抖。

「做偉大的夢想，你就會成就偉大的事情，但做夢時，千萬要用上帝的心當枕頭。不要活在過去。美好的回憶會讓你昏昏欲睡，偉大的計畫會讓你清醒。有太多人因為疲累而昏昏沉沉地過生活，但有些人有夢想，於是他們可以清醒地過日子。試著在基礎中學習，尤其是聖經，但別忘記，知識只是個待機的引擎，能讓它轉動的，是你的態度。」

他起身，暗示著會面已經結束。他陪我走到門口，因行走困難而踩著小碎步，但仍用愛的火焰充滿每個表情和話語，這些都讓他在我眼裡看來更像一把人類的火炬。

快到門口之前，他停下腳步，這時我站在他身旁。然後他說：

> 有三個男人正在蓋一棟建築物。一位觀察者——每個工作中都有很多那種人——靠過來問：「你們在做什麼？」
>
> 第一個人，嗓門大又懶惰，看都沒看他一眼，就說：「我在這兒堆磚頭。」
>
> 第二個人，抬起頭來，稍稍停下手邊的工作，說：「我在砌一面牆。」
>
> 第三個人，很滿意他的工作，眼中閃耀著決心，用勝利的語氣說：「我們在為我的小鎮建造一座教堂。」

他的臉展露出微笑，然後將手搭在我肩上，問：「你知道動機是什麼嗎？」

但他並未給我時間回答。他的手輕掐我的肩，解釋道：「動機，是驅動一個人進行一項活動的力量，能讓我們帶著希望進行某件事，讓我們實現它，透過付出必要的努力，去克服出現的障礙。」

他的眼睛凝視著我的眼睛，而那眼神為他的話語增加了無比的威嚴：「你不是在堆磚塊，也不是在砌牆壁，你在建造一座教堂……是耶穌的教堂。沒有什麼比這個還值得你投入生命了。帶著喜樂去完成吧！即使受磨難，都是值得的。即使因此犧牲生命，也都是值得的。你已經被選上了，你是個特殊的人。親近上帝而活，那麼生命就會持續用那些你從沒夢想過的機會讓你驚喜。」他突然安靜下來片刻，然後又強調：「跟著上帝，人類就能飛翔，即使他沒有翅膀。那麼，你又怎能達不到你所追求的呢？」

他靠近我，繼續走向門邊。我們佇足在那講話的一點時間已幾乎讓他耗盡體力。

我離開房子的時候，夜色已降臨。

我情緒激動地顫抖著。老牧師的感性是深具感染力的，我哭著敬拜神。

一顆淚珠，斗大渾圓地像顆大雨滴，掉落到那新綻放的紅玫瑰花瓣上，在月光的親吻下，閃耀著珍珠般的光芒。

第十二個星期一

煙囪中的煙

不要當一個日程表敞開、聖經卻緊閉的僕人。

千萬不要讓你的日程表壓制了你的聖經。

在我下一次的拜訪中，瑞秋沒有一刻離開過我們身旁。彷彿是她心裡很清楚，老牧師的時間不多了，而她連一分鐘的時間都不想浪費。

然而，她並非出於同情想保護他，而是因為她對他的真愛。我相信，她只要坐在丈夫脆弱的身軀旁邊，就能感覺受到保護。

「請進。」當我敲他房門，一邊探進頭時，我的老牧師這麼說：「喔，我多麼想再見你一面啊！」

他的禮貌還是一如往常，但他的體力已大不如前。他在床上跟我打招呼，對我展開雙臂，但並沒有坐起來。他因為面色蒼白，臉上的顏色幾乎跟枕頭融為一體。

「你今天還好嗎？」

我試著故作鎮定，但我的聲音卻掩不住顫抖。

「只要我們別講到細節……」他開玩笑。

跟平常一樣，他的胸口放著一本打開的聖經。他從來不會讓它離開他的視線，一下下都不會。

「你知道嗎？我整夜都在思考著一個故事。」他說。

「你晚上為什麼不睡覺？」我責備他，帶著我最棒的微笑。

他笑了，謝謝我的譴責。

「我也希望我可以！」他聳聳肩回答，然後又說：「不過你要我怎麼辦？因為連睡眠都在躲我這個老人。就如我說的，我整晚都在想一個故事。」

「他的確是，」瑞秋深情地拍拍丈夫皺皺的手，然後用自己的手握住它，繼續說：「他為了告訴我這個故事而叫醒我，一直到今天早上你來，他已經問我十次了。」

老先生溫柔地對他的妻子微笑，然後定睛看著我。

「你不介意這個老病人用他的另一則故事來打擾你吧？」

「絕對不會！」我告訴他，並輕輕地用手抓著他虛弱、皮包骨的手臂。「不要稱自己是病人。我很少看到有人可以像你這麼有活力。」

「你所事奉的教會已經有一百年的歷史了。你知道嗎？」

「我知道。」我回答：「我知道那個教會有很悠久的歷史。」

「很好。」

他很困難地坐起來，我們把枕頭墊到他背後，好讓他更舒服。然後，他繼續說他的故事：「當瑞秋跟我從神學院畢業後，我們去了那座小鎮。我們那時是新婚夫妻，那是我的第一個教會，也是之後我用餘生講道的教會。」

一陣輕微的咳嗽讓他停下來。他把手放到胸口，臉上露出痛苦的表情。

我擔心地問：「你累了嗎？你想要的話，我們可以改天再繼續。」

「不，讓我跟你說完這個故事。」

瑞秋給了他一杯水，他啜了一口後，很快地恢復過來。「當我們抵達那個小鎮時，有一個執事來迎接我們，開車帶我們到處看，跟我們介紹那個小村莊和教堂。然後他帶我們去牧師的家，一路上我們的對話很有趣。

「『這間教堂，』那執事明顯驕傲地說：『有著很久遠的歷史。很多好的牧師都在這裡經歷過……但我們也有過一些不好的牧師。』」[1]

老牧師轉向我，給我一個美麗的微笑，然後說：「當那個執事說那句話的時候，我感覺到瑞秋的手肘碰觸著我的肋骨，彷彿說，**聽好，這是個教訓**。『你對一個牧師有什麼期望？』我問他，害怕答案會是一長串的頭銜跟學術優秀事蹟。

「『他應該要早起。』

「他的答案既簡短又扼要，同時非常令人意外。『他不應該晚起。』那執事強調。

「『那你要如何知道你的牧師有沒有早起？』

「『你有看到那支煙囪嗎？』他問我。然後沒等我回答，又說：『就算是很早的時候，如果那裡有煙，就表示屋子裡的人已經起床了。你看到另外那間房子嗎？他們已經起來在家裡升火。你看，』他指著另一個方向跟我說：『那是牧師的家，但煙囪裡並沒有煙。』

「然後執事解釋了他好奇的推論：『每天早上我去上班時都會經過這裡，每當我經過時，我會想要看到我的牧師的煙囪冒出煙來。那會讓我知道他已經起床了，在為我們當中的每一個人禱告，並且為我們準備著精神的食糧。那就是我們期待牧師的：他早早起床，來尋求上帝。』」

老人閉上了他的雙眼，回想著他剛開始事工的往事。

瑞秋細心地用手怕擦拭他的嘴角。他沒有睜開眼睛，繼續講述故事：「所以我每天會早起，而我所做的第一件事，就是在壁爐裡升火。然後我會跪下來禱告，在我的禱詞裡高舉他們每個人，且敬拜上帝。通常在我還跪著時，我會閱讀祂的話語，探索祂的奧妙，那樣會讓我感覺清新和重生。」

他笑著繼續說：「第二個成效就是，每個星期天，我會看到所有的執事坐在第一排

1 老牧師在這裡所講的故事，靈感來自於傑西．米蘭達（Dr. Jesse Miranda）的真實故事，記載在他的書裡 *Leadership and Friendship*（Grand Rapids, MI: Vida Publishers, 1998）。

微笑著，甚是滿意。他們都知道，他們的牧師很早起。」

「這是個很有趣的故事，裡頭也含著很大的真理。」

「我會在我跪著的地方，接收到足以供給教會的食糧。」

他的微笑散發著愉悅的甜美。

「那很重要，對吧？」

他先忽略我的問題，不過他之後和我說的話正好回答了我：「其他有一些更受歡迎的重點，但是比較不注重福音。十字架是有敵人的。在某些講壇裡，它並不存在，有些聖壇用的是其他風格。有些信息能娛樂大眾，但不能為他們帶來轉變。有些事奉應該要導向上帝，但是祂並沒有顯現。缺乏福音跟十字架，那些只不過是把聖壇轉變成舞台的表演罷了。它們讓人嘖嘖稱奇，但是不能改變……它們能娛樂，但是不能救贖。」

我從不讓老牧師知道，他告訴我的某些事他早先已經說過了，因為那只會打斷他。況且，在他已經說過的話當中，有很多新的事情也是我想要知道的。

「所以當你早早起床去點燃爐火、找尋上帝時，祂會給你你應該要傳遞的信息，是這樣嗎？」

老牧師露出嚴肅、甚至是焦慮的神情。他再次全神定睛看著我，要我專注聽故事的後半部分：「是的。在我尋求他時，這一切能夠發生。不過，事工跟我的影響力都開始日益成長，範圍已不再侷限於我們的小教堂，我所投入的責任和時間只有越來越多的趨勢。我並沒有察覺到，雖然我仍舊早起來升火，但我已停止跪下來禱告。」

他搖搖頭，承認自己的失敗；他的聲音壓低，彷彿籠罩上一層哀傷。

「我沒有跪下來禱告，我也沒有打開聖經。我打開的是我的日程表，上面填滿約定和義務。早晨的首要任務已經不是我自己所享受的神聖體驗，相反地，我把時間花在那些緊急的事項中。」

他深吸一口氣，又說：「我犯了很多牧師都會犯的錯：錯把緊急的事和重要的事混為一談。我的日程表漸漸取代了我的聖經，我成功地將自己轉變成一個執行者，日程表永遠開啟著，聖經卻總是緊閉。我的影響力蒸蒸日上，但我的精神生活卻在萎縮。煙囪裡是有煙，我的心裡卻沒有焰火。」

「煙囪裡有煙，我的心裡卻沒有焰火。」我複述了這個句子，理解到其中的深奧。

「沒錯。」

他的一隻手還留在他妻子緊握的雙手裡。他將另一隻手搭在我的手臂上，然後我用我的手握住它。

「我一直給人建議，因為我的腦袋還在運作，但是那樣的建議缺少了天國的活力。我在聖壇上說話，像個必須說些什麼的人，而非一個有什麼話要說的人。」

他停頓了一下，問：「你懂這兩者的區別嗎？」

他的話中藏著急切。

「你懂『必須說些什麼』跟『有話要說』，這兩者是不同的嗎？」

「這兩者之間有很大的不同。」我附和。

「鳥兒啾啾，青蛙呱呱，小狗汪汪，人類說話，而那些與神同在的人會說話且表達出永恆的真理。我的信息中有人類的智慧，但沒有神性的活力。那是沒有精神上的影響力的。我炫耀關於耶穌的神學知識，但這當中，缺少了神和祂的十字架。」

「那一定很困難。」我說，有些訝異於他的坦承。

「是很難，但不只我而已，對整個我所佈道的教會來說，都很難。我的話語不再帶來天國的清風。相反地，那些話在他們聽來，含有世俗的滋味，會磨損他們的心。」

一陣咳嗽打斷了他的故事，但他用手勢說自己沒事，然後很快地繼續講。

「有一天，我再也忍受不了。由於感覺如此空虛，於是決定到鄉下去找尋上帝。我把日程表留在家裡，連帶著也把那些充斥我腦中的煩惱和義務拋諸腦後。我只帶著我的聖經和我感受到的深刻不滿足感。在那裡，我倚靠著一棵樹，我與神說話，對祂敞開我的心。我祈求祂重新在我心中燃起與祂同在的火焰。我不想要因為自己漸漸乾涸，連帶把教堂轉變成了沙漠。」

講到這，老牧師再次閉上雙眼。經過幾秒鐘的沉默，他繼續獨白。

「神是信實的。祂永遠是，而且祂讓我重生。我尋求祂的渴望重新點燃，我感受到自己對祂的話語那種激烈的飢渴又重新萌生。隔天早晨，我在煙囪裡起火，然後在我跪下來時，我感覺到自己的心也燃起了火焰。不只是煙囪裡有煙，我的內心也同時熊熊燃燒著。之後我的聖經再也不會因為我的日程表而緊閉，之後我的敬拜再也不會被規畫日程所取代。」

在我面前的，肯定是一個深愛上帝、十字架和聖經的人，而那份愛極具感染力。

我拿了他的聖經來翻閱。那些殘破且頁緣捲起的書頁，流露著深刻且親密的體驗。

「不要隱藏聖經。」他懇求地看著我，一邊強調：「千萬不要用你的行程表來打壓你的聖經，千萬不要那樣做。」

我把手放到他的肩上，輕輕地掐著，感激他對我的私人告解。

我看著那張毫無血色的削瘦臉龐，以及那雙骨頭在薄薄皮膚下無情地突出的臂膀；

在那同時，我也注意到從他的話語中流露出來的恩典和智慧，我想到某天有人告訴我的一句話：「有些鳥兒是不可以被關在籠裡的；牠們的羽毛太美了，不應該被關起來，而牠們的歌聲，應該要在森林的自由中流竄。」

而我的老牧師就是那樣。病痛可以攻擊他，卻不能禁囚他。即使有一百道痛苦的枷鎖想要牽制住他，他還是能繼續飛翔在無邊的天空裡。

只有瑞秋送我到門口。

天空染上了黃昏的紫色色彩。也許因為那像是夏日夜晚的溫暖溫度，蝙蝠混亂地掠過天空，在天際留下神祕的符號圖形。

我去看看玫瑰花叢，相信今天也會發生同樣的奇蹟。它就在那裡，完整無缺地，它的白玫瑰和綻開的新鮮紅玫瑰爭奇鬥豔。

又多了一朵。

另一朵深紅色玫瑰正迫不及待地綻放。

我很驚訝地注意到，紅色花朵的排列方式，恰恰形成了一個十字架的形狀。

夜色已降臨，在月亮白色的目光下，我緩慢地走回家，一邊回想老牧師說過的話。

我繼續沉思著，突然感到越來越強烈的不安。毫無疑問地，最近我的日程表已經取代了我的聖經，從星期一到星期五，讓它遭遇到無法忍受的遺棄。我停頓了一會兒，下定決心要再次開始閱讀它，重新去愛它。

那天晚上，在瑪麗去休息之後，我坐在家裡的陽台上，看著遠方的地平線。我手中握著聖經，指間翻閱著神聖的書頁，溫柔地撫摸它們。

這本書已經許多次對我說話，也對我揭露了無數的美麗真理。

我閉上雙眼禱告，然後睜開眼，開始閱讀。

書中的文字變成一顆顆美麗的寶石。在手中，我握著一個已經被遺忘的藏寶箱，但現在已被救回。而我決定要好好享受其中所蘊藏的成千上萬的寶石。

我的聖經，我心愛的聖經……一個無價的珍貴寶藏。

意外的拜訪

緊急召喚

偉大的男人和女人是鮮少孤立的山峰，他們是巨大山脈的高頂。

——美國作家湯瑪斯．溫特沃斯（Thomas Wentworth）

那是個星期五。

電話尖銳的鈴聲嚇得我跳起來，讓我丟下正用來寫下個星期天佈道內容的筆。我看看錶，是早上接近七點鐘。在這種不正常時間接到的電話，通常都不是好事。當我看到來電號碼是老牧師時，慌張轉變成了擔憂。

我馬上接起電話。

「很抱歉打擾你。」瑞秋的語氣帶著歉意：「但我的丈夫堅持要盡快跟你見面。」

「我馬上到，但請告訴我，一切都沒事吧？你的丈夫發生什麼事了嗎？」

「沒什麼，只是他越來越虛弱了，他一直不斷地對我說，他必須跟你談談。」

二十分鐘後，我已經站在那熟悉的釘著黑色鐵釘的藍色大門前。我根本還來不及抓起門環，大門馬上打開，彷彿瑞秋早就在窗邊看著，迫切地等待我的到來。

「他在房間裡。」她告訴我。

她雙眼下的陰影告訴我，她整晚沒睡。

「哈囉，孩子！」

老先生已不再用其他方式稱呼我了，然後他張開雙臂歡迎我。

「請原諒我，還沒到星期一就這麼唐突地把你叫來，而且是在這麼奇怪的時候，實在是因為這裡有某件事……」他輕輕地在靠近心臟的肋骨處拍了拍：「蠢蠢欲動，想要出來，但我怕等到星期一……」

我沒讓他把句子說完。我傾身靠向他的床，直接給他一個擁抱。

一如既往，他身上有新鮮的古龍水和肥皂的味道。瑞秋辛苦地為他梳洗，讓他的身體散發乾淨的香氣。他的雙眼因年歲而一直濕潤著，也是他純潔內在靈魂的開敞窗口。

「能跟你見面，我很高興，要等到下個星期一，對我來說也很煎熬。」

「我知道你已經了解困擾我的疾病的細節。」他想要直接切入重點。

他極度冷靜地繼續看著我的眼睛，說：「癌症，是少數幾個現代醫藥還無法治癒的病魔之一……」

「你不要失去希望，」我打斷他：「也不要失去信心。」

「我兩者都保持完整，」他要我放心：「請原諒我，這聽起來可能很高傲，但我沒有失去這兩者的任何一個。然而，我不會去扭轉上帝的手臂來為我創造奇蹟。祂是智慧的，而我不是。祂知道什麼對我來說是最好的，但我不知道。因此，我寧可在祂的智慧中安息，平靜地接受祂明智的計畫。」他困難地坐起來，以強調他所說訊息的重要性。

「不過我要你來，不是來討論病情的。關於病痛，講細節根本是浪費時間，我也承認我有些固執，沒有在病徵一開始出現的時候就去看醫生。然而，科學面對癌症是處於劣勢的。手術可以移除它，只要它還沒擴散開來；但我的情況是，我不僅忽略了它太久，它也已攻擊到了我的胰腺，所以只能摒除手術的可能性，連帶地也沒有了存活的可能性，除非上帝插手。但就像我跟你說過的，我不會低估它或是要求它，不然很快地……幾天，或者也許幾個星期後，我就會死了。」

我的身體突然感到一陣寒慄，從腳底一直流竄到頭頂。老牧師的坦白和他驚人的剛毅，讓我說不出話來。

「今天我可以完全冷靜地談論它，但不要以為一直都是這樣。當醫生跟我說那位不受歡迎的房客已住到我身體裡面時，我差點跪了下來。我在那裡，只希望再活兩到六個月的時間，隨著時間過去，我感到越來越低潮，直到祂的出現。」

「祂？」

「上帝介入了，」他解釋道：「而且是以一種很有力的方式表現出來。我的病床不再是個折磨架，反而轉變成一個敬拜的聖壇。祂將通往死亡的黑暗走廊，轉變為帶我更親近生命、更親近豐沛生命的怡人道路。」

他微笑地往後靠，讓身體得以休息。

「但我叫你來，不是要用我的悲痛來折磨你，」他笑著說：「如同我和你說的，我心中掛念著一件事。幾天前我跟你說過，培養子弟是必要的，你還記得嗎？」

我同意地點點頭，然後像個勤奮的學生一樣複述：「人們分為五種：有問題的人、好人、同袍戰友、**弟子**……」我強調了這個字，因為他剛剛提到：「以及有資源的人。」

「可圈可點。」

他簡短地笑了一下，然後語氣變得很嚴肅：「我真的想要強調那方面，有關弟子的部分。如果你想要持久而喜樂地事奉上帝，那部分是很重要的。你知道耶穌把祂的時間貢獻給一個十二人群體，比祂投入給大眾的時間更多嗎？」

「沒錯。在讀福音時，我有讀到這個部分。」

「耶穌很重視要組成一個團體。在祂剛開始事工時，祂很快地完成這件事，而且祂是特意這麼做的，在祂的篩選過程中，祂投入了很多的禱告，在祂的訓練過程中，投入極度的熱切和很多時間。你認為祂為什麼把這件事看得這麼重要？」

我想要回答。我試了，但他沒有給我時間。他想說話的欲望是如此地迫切，因而影響到一般禮貌和聆聽的能力。

「祂想要讓祂的事工能在祂死後持續下去。祂知道，這十二人會在祂不在的時候，繼續當祂的雙腳、雙手和嘴巴。」

他又試著在床上坐起，但沒力氣。我在他背後墊了幾個枕頭，讓他可以維持坐姿，然後他指著房間裡另一側的小桌子給我看。

「可以請你把那本札記和鋼筆拿給我嗎？」

在札記的第一張空白頁面上，他寫了三個大寫的M，並刻意在底下畫線。他看著我問：「你有聽說過三M的步驟嗎？」

「沒聽過。」我老實說。

「那是一個由三個字構成的組合。」

他在札記上寫出完整的字：

- 人（Man）
- 行動（Movement）
- 紀念物（Monument）

他再次專注地看著我，用他的鋼筆指出每一個字。

「聽著，孩子。」

他的聲音裡仍隱藏著迫切，那是讓他在今天早晨緊急召喚我的那份急切的心。

「上帝會挑選一個人。」

他強調了**人**這個字。

「祂會有力地使用他，從他身上展現祂的恩典。那會促使一個行動開始。」

他在第二個字——**行動**周圍畫圈圈。

「那個行動會感染所有跟這項任務有關和被這個計畫牽引的人，他們會受到那位領導者所影響。沒有人能夠測量，當一群人被上帝的手所感動，並且受一個謙卑虔誠的僕人充滿智慧地領導時，能發揮出多麼強大的力量。」

他的語氣中帶著得勝的口吻，不過，在他用鋼筆畫向下一個字時，他壓低了聲音：**紀念物**。

「太常發生的情況是，」他悲傷地重複說：「我是說，經常會有這種事。當一位有魅力的神聖領導者過世後，在他影響下所掀起的行動，本來已經影響了很多人，現在卻開始失去它的火焰，最後終於熄滅，留下的僅有紀念物——只用來紀念。一個紀念，像石頭一樣冰冷，紀念那已經死去的，而曾經有過的神聖存在，如今卻已無法再繼續下去。」

我的目光凝視著那張紙，反覆讀著那些字，領略其中蘊含的強大訊息。

然後他花了很久的時間清喉嚨，久到我以為他快不行了，但他只是在清嗓子。

當我感覺到他冰冷的手抓住我的上臂時，我差點跳起來。

「聽著，」他很快地說，彷彿預感自己的時間快沒了，或是他害怕自己無法把這個重要的真理傳達給我。

「要確保火焰不要在火炬燒盡時熄滅的唯一方法，就是要確定它已經點燃了很多其他火炬。你明白嗎？把信仰傳遞給其他人，用那火焰感染很多其他人，用願景和熱情的福音去感染我們身邊的人。組成一個團隊。就是這樣，組成團隊，然後燃燒我們的熱情去感染他們。任何一個做出這明智舉動的人，將會延續這火焰，成功地讓他們的教堂繼續感動人們，擴及世界各地，挖空地獄，即使那位領導人已經不在。千萬不要一個人獨自行進。」

他握著我上臂的力道和他說話的熱度讓我很驚訝。「告訴我，孩子，你明白我正在和你說的嗎？」

「完全明白。」我回答，用我另一隻手覆蓋住他的手，堅定地點點頭，表示同意我所接收到的訊息。

「僕人會在其他僕人身上繁衍。保羅（保祿）繁衍提摩太（弟茂德）；摩西（梅瑟）繁衍約書亞（若蘇厄）；以利亞（厄里亞）繁衍以利沙（厄里沙）。」

他停頓了一下，然後馬上接下去說：「接著，提摩太、約書亞和以利沙繼續複製他們自己。我必須警告你，你可能會把時間錯放在一些危害你的人身上，但你不應該為了這個可能性而怯步。當你找到一個深愛上帝、且想要服事祂的人，接受他成為你靈性上的孩子，打開你智慧的寶箱供他汲取。這是唯一讓世界持續充滿活生生的石頭、而非死寂紀念物的方式……這個方式能讓這個世代和那些追隨者繼續擁有燃燒的教堂，而不是宗教的墓園。」

他的聲音幾乎瀕臨發怒邊緣：「即使數百個朝聖者都仰望著司布真（Spurgeon）[1]爬上去，站在他講道壇後方的階梯，但如果沒有今天講道壇後方那個挑戰人類的聲音，那樣又能如何？如果聖壇沒有在人們跪下來祈求聖靈造訪的地方被建造起來，那麼去造訪衛斯里（Wesley）[2]經常跪拜而把木頭磨損的那個角落又有什麼用？我們不要冰冷的紀念物，我們需要的是能帶給這個急切渴求的世界光和熱的火炬。而這只能透過傳遞

1 編注：十九世紀英國著名的牧師，被譽為清教徒的繼承人。
2 編注：十八世紀英國著名的基督教神學家，衛理宗的創始者。

火熱的信仰、清楚的視野和燃燒我們的熱情才能達到……」

「你已經在我身上做到了，」我打斷他：「而我也對你心懷感激。但我從來不認為我會是能取代你的那個人。你可曾想過挑選了我，是投注在一匹落敗的馬身上嗎？」

一抹笑意從他濕潤的眼中浮現。

「我從未這樣想過，」他毫不猶豫地說：「有件事比才能、辦事能力更重要的，就是態度，做事的動機和精神。美式足球教練盧霍茲（Lou Holtz）曾這樣說過：『能力是你所能夠做的；動機決定你將會做到的；而態度決定了你會把它做到多好的程度。』」

他再次清清喉嚨，喝了一口水。他的忠言讓嘴巴乾了，但他還有很多智慧的句子要說；正因如此，他馬上又繼續說下去：「我很快就看出來，你不只是想『把事情做好』，我看到你想要『做對的事』。你明白這兩者的不同嗎？」

我再次用力地點點頭，心裡下定決心要趕快把這些句子寫下來，好好思考它們：「態度比能力更重要」、「把事情做好跟做對的事情是不一樣的」。

老牧師大概是讀出了我的心思，因為他又補充了這個想法：「一個有效率的僕人，知道怎麼把事情做好。而一個有用的僕人，知道怎麼做對的事。」

他停留了適當的時間好讓我能吸收這句話的智慧，然後繼續說：「有些價值比能力或天賦更重要，即使那些也有它們的重要之處。」

他拿起他的聖經，翻了翻內頁。從這個小動作我就可以看出，他的力氣已慢慢衰退；他的手指動作遲緩，那些薄薄的紙張對他來說，簡直就像岩石一般沉重。

最後，他找到他要的文字，把聖經轉向我，用他修長的手指，指著他要我讀的部分：「你在許多見證人面前聽見我所教訓的，也要交託那忠心能教導別人的人。」（提摩太／弟茂德後書 2:2）。

我讀完後看向他，然後他剖析了這些字句背後的涵義：「你看見保羅如何透過指派，來委託他的弟子去完成使命嗎？」

「你說的沒錯，」我同意：「那是你在這些詩句中可以看見的。」

「但事工必須委託給那些擁有兩種特質的人：信實和適任。你同意這些特性的優先順序嗎？」

「是的。首先要信實，然後要適任。」

我充滿信心地答覆，讓他的嘴角形成一抹虛弱的微笑。

接下來，他用充滿信念的文字來下評論，毫無疑問地表露出他最強烈的信念。

「我確信，那是個經過深思熟慮與仔細計畫過的次序：先是信實，然後才是適任。

信實，指出一個性格特質，而適任，則是一整套的能力。後者很重要，但前者是絕對必要的……絕對不可少。有些人能夠像天使一樣歌唱，或以驚人的口才演說，或擁有龐大的組織能力的天賦，或是具有影響力的領導者，但如果他們沒用必要的信實來實踐他們的適任性，那麼他們將沒有一個人能夠在上帝的國度中事奉。因為在那個國度裡，其他的價值才會被頌讚，像是忠誠、謙卑和信實。」

他看看我，我點頭，讓他知道我懂他說的。然後他對我說：「原諒我再次打擾你，可以請你從第三個抽屜裡拿出木偶給我嗎？」

「你是說這個嗎？」我驚訝地問他，拿出一個嵌套式的俄羅斯娃娃。

「對，就是它。」

他伸出手來接過去，把它拿在我面前。

「你對這些木偶夠了解嗎？」

「嗯，還好。我知道當它們被打開時，裡面會有其他更小的木偶。它們裡面可能有五或六個越來越小的木偶。」

「你說對了。你可以把它們打開，然後在桌上依序排開嗎？」

我照做了，雖然不太清楚老牧師想要表達什麼。

我一個接著一個打開，在每一個木偶的裡面拿出另一個，這些木偶除了尺寸大小以外，幾乎一模一樣。最後，我開到最後一個，小到它裡面無法放任何東西，但這個小木偶是用紙張包住的。

「你可以唸唸那張紙上所寫的嗎？」

「如果我們『生出』比我們還小的僕人，我們將會變成一個小矮人的教堂。」

我看看老牧師，他的眼睛注視著我，我又讀了一次這個句子。

那些字母非常小，其中隱含的真理卻非常之大。

「每個人偶都『孕育』著一個更小的人偶，」他說，然後繼續解釋：「扼殺許多教堂的就是害怕自己會被遺留在暗處的症狀。炫耀自己能力的領導者能接受其他領導者出現，沒錯，卻不太能接受『他們比我傑出』這個事實。那份恐懼讓他們對自己的知識和策略有所保留，而不願全部傾注到他人身上或是徹底地訓練他們。他們害怕被取代。反之，由一個決心將教堂轉換成產婦區的牧師所牧養的教會，將永遠都培養著有能力、受過訓練、以及謙卑的僕人……這些教會的未來是無可限量的。他們會改變世界，也會對社會有莫大的影響。」

在繼續說之前，他安靜了一下子，好像在喘息或構思正確的評論。

「如果上帝讓你在教堂裡老去，不要緊抓著聖壇或讓它成為你的勢力地盤。要樂於見到新的僕人出現。不允許這種轉換的教會，終究會在他們的牧師去世後衰退，在很多情況下，他們會在很多年的時間成為屍體，即使沒有被核發死亡證明。」

我看看那些木偶們，思考著老牧師剛剛與我分享的顯而易見的道理。我想著我所牧養的教堂，和那些有潛力的年輕人，以及對耶穌充滿熱血的成人。

可敬的老先生的聲音把我從白日夢裡拉回現實。

「把這些木偶用相反的次序排列開來。」他指示道。

於是我不是從大到小地排列它們，而是用相反的次序。

老先生指著最後一個人偶，這次是最大的那個。

「你可以讀出刻在底下的文字嗎？」

「如果我們生出比我們更加能幹又有天分的僕人，那麼我們就會變成一個巨人的教會，我們的影響力將無可限量。」

「組成一個團隊，」他強調：「當代對於雷射光的研究發現，雷射光不過是一道濃縮的光投在一個非常明確的點上，而那力量是很強的。你的事工將會有真實的力量，如果你成功地把**你的**能量專注在你的任務上。」

他強調了人稱代名詞。

「有些僕人因為同時對很多不同目標發射，而用光他們的彈夾。有些人將他們的潛能專注於一個方向：他們自己的方向。他們將自己的力量投注在被創造和適任的功能上。**專注的祕訣在於剔除**。如果你能夠專注在你的任務上，剔除日程表中的其他義務事項，你將會留下不可磨滅的印記。」

他刻意安靜一下，以便強調下一個句子：「問問你自己，今天在做的，是否有帶領你靠近明天想要去的地方？」

這樣赤裸裸的文字讓我覺得不舒服。我覺得他的言論好像是針對我每天日程表所照的X光片。

我回答，但聲音中帶著一點抱怨：「可是教會有許多不同陣線。有太多部分都需要牧師參與。」

「不對。」

他的聲音裡沒有怒氣，只有堅毅。他的微笑稍微軟化了否定。

「教會裡的確有很多部分需要關注。但要說它們全都需要由牧師來處理，等於是說羊群之所以成長，是因為牧羊人在羊群裡生小羊，然後還要負責餵食、照顧牠們，帶牠們去吃草。生小羊的是羊群。牧羊人是要看顧羊圈，但有許多責任應該由羊圈中的其他人來負責。一個牧師的職責，在於專注投入精力於他所負責的事工上。」

他清楚地強調了那句話，讓它成為一個座右銘：「專注的祕訣在於剔除。」

「我同意。」

我的聲音仍舊不自在，且我的問題裡帶有一點挑戰的意味：「那剩下的議題呢？我該怎麼辦？」

「委派出去。」

他的耐心與他絕對的堅定一樣令人欽佩。

「那只能靠著組成團隊來達成。其他人能在你無法到達的不同地方成為你的眼睛、雙手和雙腳。然而，你必須要有心理準備，有些弟子可能會危害你，包括最有潛力的某些人。」

同樣地，他的微笑軟化了他正傳遞給我的訊息的嚴肅性。

「即使是耶穌，都無法倖免於那樣的情況。弟子們在我們生命中有不同的影響。有時候神會讓我們看見我們投資的成果，在我們看到他們轉變為有效的志工時；但其他時候他們會讓我們悲傷，因為他們缺乏責任感，於是出現不成熟的回應或世俗性的反應。

當那樣的情況發生時，不要放棄，因為每出現一個危害你的僕人，神就會賜給你一個信實又忠心的僕人在你身旁。」

我們再次陷入沉默。一陣沉思的靜默，充滿感動。我有很多問題，但現在不是提出來的時候。現在是沉思和汲取充滿他房間每個角落的智慧的時候，而這一切，持續沉浸在我腦海中。

「你看，孩子。」他伸出手來對我說，在床頭櫃旁的小桌子的抽屜裡拿出一張照片。「你看這張照片。」

照片上，是一朵奇異的橘色花朵，尺寸異常巨大。

「這朵花的學名是阿諾爾特大花草（rafflesia arnoldii）。」他扭曲著臉，好像要說：多麼奇怪的名字！但他輕而易舉地發出這個很難發音的名字，讓我驚訝不已，就好像他刻意要熟悉這奇怪的花名，好方便他沉思。「它是世界最大的花的紀錄保持者。它可以長到直徑十呎，重達七十五公斤；它以每天十三公分的速度在成長。」

他看著我驚訝的表情，覺得很有趣。「特別的是，人們稱它為『屍花』。你知道為什麼嗎？」

我沒有回答，因為我沒有答案，而且我也知道他不會等我回答。

「這個大自然的稀有物有這樣一個陰沉的名字，是因為它也有另一個不太光榮的紀錄：它是所有花種裡最難聞的。它會釋放出一種令人噁心和腐蝕的惡臭，像極了死去好幾天的腐敗屍體。」

「不可思議。」我回答。

老牧師很明顯地將他的言論導向一個令人無法遺忘的結論，然後堅定地看著我：

「當你開始選擇你親密的圈子時，要非常謹慎小心。耶穌在招募祂的弟子之前，花了一整晚對上帝禱告。在你組成團隊的任務中，要利用你的雙膝多過於你的雙眼。禱告會讓你的視野清楚，且會給你足夠的深度，不會輕易地被浮誇的才華所打動。不要被異常的成長所矇騙，要總是對新來的魔幻信條心存懷疑。不要聽信那些帶著滿滿金牌的箱子來找你招搖撞騙的藝人。我寧可要穩定的軌道，而不要流星那樣急速的發射道。我已經看過太多煙火、太多花朵，它們遠遠看的時候很絢麗，但當你靠近時，它們是有害的；那些遠看是巨人，近看才發現是死屍。就如我對你說的，高傲是臭的，而那股惡臭將會使最珍貴的材料失去光澤。」

我保持沉默。我可以感覺到老牧師還有什麼事要告訴我。

「反之，有超乎想像的珍貴寶藏看起來是極度微小的。你知道你的中耳裡有一個小小的骨頭，是你的身體裡最小的骨頭嗎？它只有一公吋的九百分之一長，然而它的功能卻致命性的重要。我們管它叫鐙骨，與砧骨和槌骨一起從耳膜接收振動，然後擴大音波。它讓我們能聽見。」

他停了一下，表情看起來像在做夢。他的目光凝視著天堂，好像愉悅地在欣賞他接下來要提到那個特別種類的人：「我已經看到他們許多次！我徹底地喜歡想著他們。謙遜的人們，幾乎是單純到極點！他們很不起眼，可是他們接受到神聖的話語，而且能將它帶給其他人。他們不是需要獨立陳列櫃的巨大花朵。不是的。他們不喜歡獎台，喜歡待在角落，而這麼做，他們才能與上帝同在，因為神會在謙卑的人當中尋找祂最棒的樂器。當神找到一個謙卑的樂器，祂會在他身上施展出最令人讚歎的演奏，然後發出來的音樂才能真正帶來天堂純淨的空氣……那是精神上真正的氧氣。」

他的話不再充滿急迫感，重新拾回前一陣子的冷靜。他緩慢地說話，好像此時此刻並不需要一絲一毫的急切。連他的呼吸都比較有沉穩的節奏了，在他雙眼裡，可以看到一份明確的平和。

「我有好多事要告訴你，孩子。我再一次向你道歉，冒昧叫你來，不過現在已經覺得平靜多了。我剛剛與你分享的那些，實在是在我心裡太沉重了，沒辦法等到下個星期一。即使你忘了我講的其他部分，但請至少記得這部分。」

他用手抓住我的右手，彷彿深怕我會沒有聽到重要的想法就離開：「當你挑選團隊的時候到來，不要讓自己被對方的能力所迷惑。人的本質不是在於他們的姓氏，也不在於他們的專長或才華。要看到內在的深層一面。人格比能力還重要。你不會找到完美的僕人，但你可以尋找那些追求完美的人。不要讓你自己被他們的能言善道或是他們虛浮的頭銜所迷惑。要看他們的心。一個乾淨的心靈比一個充滿獎杯的展示櫃還來得珍貴。要看心靈，」他重複說：「他們愛上帝嗎？他們想要在神聖中居住嗎？他們對配偶忠誠嗎？他們在事業中正直嗎？他們的話語中帶有契約的重量嗎？他們表現出精神果實的表徵嗎？地獄會充斥口才絕佳的演說者和唱歌完美無缺的演唱者，那裡不會缺少具影響力的領導者……但在地獄裡不會找到的，是一個基督徒的人格。」

他親切地拍拍我的手臂，對我微笑。

「沒錯，因此要鼓勵他們朝著登峰造極努力。不注重細節的平庸僕人，對上帝是沒有價值的。他們必須秉著良知學習，正經地裝備自己。他們不應該蔑視學院、研究所或是任何一個深具傳統的教育機構。要教導他們去射月亮，因為任何一個瞄準月亮的人，最後會射到某顆星星。不負責任的士兵對上帝來說也是沒有價值的，因為他們只願意

『扮演教會』而已。祂想尋找的，是負責的人，會正視這件事……正經到他們會投注自己的生命進去。如果他們帶著他們的**態度**，上帝會照料他們的**能力**。上帝會負責訓練他們。」

他環顧四周，好像在用目光撫摸著房間一般，直到他將眼睛投向我。它們看起來很疲憊，但散發著純粹決心的光芒。他的目光在我看來，好像一種道歉。

「原諒我的嘮叨。瑞秋常和我說：『親愛的，音樂沒有停頓會怎麼樣？文字是銀，但沉默是金。』不過你也許看得出來，我並沒有太在意她說的。原諒我佔用你那麼多時間。我可以告訴你，現在我感覺平靜多了。」

「那麼就值得了，」我告訴他：「我今天所學到的，將會一輩子陪伴著我。」

我們看了看彼此。那是段很漫長的時刻，幾乎永無止境。我相信我們檢視了彼此，看看智慧的傳遞是否發生。

老牧師擠出一抹淡淡的微笑。

「再見，我的孩子。」

我彎向他的床說再見。很奇怪地，他的擁抱變得很長很久。當我起身時，老先生已經在哭泣。他雙手握著我的右手，眼睛透過一層淚水看著我。他動動嘴唇，但沒有說出一句話。最後，他講了一個簡短而溫柔的「珍重再見」。

對我來說，那是個揪心的道別。

他沒有說「下星期一見」，也沒有說「下次見」，而是「珍重再見」。

在他的淚水中，我看到一個字，寫著「珍重再見」的模樣。我感覺他的哭泣好似會淹沒我。

我盡可能很快地離開他的房間，因為梗在喉嚨中的那個結令我窒息，我不想在他面前掉淚。

直到我到了外面的路上，在玫瑰花叢前，我才釋放出我的情緒，那朵新綻放的紅玫瑰，因為我的淚水而逐漸模糊。

當我透過眼裡的淚水去看時，我發現那形成十字架的紅色玫瑰群好像正開始枯萎。

最後的星期一

夢

他們可以剪下所有的花朵，但他們不能阻止春天的來臨。

——智利詩人聶魯達（Pablo Neruda）

星期一。

我沒有睡好，而且很早就起床了。

當我打開陽台的落地窗，看見曙光慢慢地從城市間升起，那時，我已經起來好些時候了。地平線上的橘光逐漸蔓延，遠遠的北方也開始變成美麗的綠色。

我已經看過日出好幾百次，但今天……為何我覺得這次特別不同？

星期一了。

那是我要和老牧師見面的日子，但胸口有一份越來越沉重的不安，壓得我喘不過氣來。也許是因為我做的那個簡短的夢——或者該說是困住我的夢——把我驚醒，使我昨晚無法再繼續睡。

在夢裡，我看見自己在一個乾旱炎熱的國度中旅行——那是一片沙漠。地面的土已經龜裂，炙熱到地面都冒著熱氣。我很疲累地走著，瀕臨筋疲力竭的邊緣，不過，我還是堅定地往前走，好像我知道確切的路線，也知道我的目的地在哪裡。

當我來到一個沙丘的頂端，我突然看見了……

「你看到了什麼？」

背後傳來的聲音嚇到我。當我回過頭時，我看見瑪麗的眼睛和她令人無法抵擋的微笑。我在不知不覺間放聲講述我的故事，把她吵醒了。

「我聽到你自言自語，所以就醒來了。」她笑著問：「你看到什麼？」

「十字架。我在那沙漠當中，十字架高舉著……壯觀又強烈。但最吸引我注意的是，它上面覆蓋著綠葉和玫瑰，彷彿春天已經在乾枯的木材上發芽。上面覆蓋的玫瑰花——全部都是紅色的——異常地大朵，它們的花瓣像玻璃一樣地閃耀著。」

「那是很棒的夢，」瑪麗對我說，用手臂圍住我的腰：「我不懂你為什麼這麼擔憂。」

「因為我沒有看見他！」

「看見誰？」

「我在找我的老牧師，我到處尋找他，用手遮在眼睛上方擋陽光，從每一個方向尋找他的身影，但他不在那裡。」

「他應該要在那裡嗎？」

「是的，他應該在那裡。因為他在我之前的夢境裡有出現，妳不記得了嗎？他那次跪在十字架的腳邊，用一隻手召喚我，另一隻手指著十字架。但這次他卻不在那裡。」

一陣沉默籠罩在我倆之間，那是一個充滿預感的緘默時刻。

記憶的燈點燃了我心中老牧師的座右銘，於是我轉述：「我生在十字架的庇蔭下，我想要依靠它而活，也但願在我的時刻來到時，它會是高舉我到上帝身邊的那道階梯。」

「那可能是……」

瑪麗沒有說完她的句子，我在她的眼裡看到「恐懼」這兩個字。

「也許……」

她不敢繼續說下去。

「也許……」我說出那句她不敢說出來的話：「他沒有在十字架的遮蔭下，是因為它已經成為了他的階梯。」

於是她開始擔心：「再跟我說關於這個夢的事。告訴我你所看到的一切。」

她的焦慮並沒有幫助我平靜。相反地，她的緊張讓我越來越緊繃。我又一次告訴她我所夢到的一切。

「等等！」我告訴她：「我想到另外一件事。在我的夢境最後，我在找十字架的最高點，從那裡，我看著雲朵，很多的雲朵，無窮無盡的白雲好像指引著我唯一的道路，就是更高、還要更高……直到天國的邊際！」

我一說完便看看手錶，那時是早上五點三十分。儘管這個時間很唐突，但我已經不能等，於是開始著裝。

瑪麗比我更迅速，連我襯衫的扣子都還沒扣好，她就已經在催促我。

「我們走！」

她緊抓著我，一直走到門口。她抓緊我的手臂，用力到讓我覺得很痛。她緊張地再次說：「我們走！我們必須去見他們！」

我們在那藍色大門前幾呎的地方停下來。

一切都安靜無聲……比平常還要安靜。

鳥兒們也都沉默。

連風都靜止了，好像因此讓四周有種沉悶的的感覺。

「這樣的平靜好嚇人。」瑪麗不敢說得太大聲。

我保持沉默。但我想要說：那不只是平靜；我們感覺到的，是死亡。

一陣噁心感從我的胃升了起來，越來越強烈，越來越難受。我的心靈覺得很悲傷，喉嚨裡一個強烈的壓力讓我呼吸困難；那是一種害怕被遺棄成為孤兒的預感。我必須倚靠在一棵樹旁，因為我覺得自己快要暈過去了。

我花了片刻慢慢恢復自己的呼吸，同時也讓瑪麗攙扶著我，我們緩慢地走過最後幾步路，停在房屋前兩步的地方，然後門打開了，瑞秋出現眼前。

她那充滿無比平靜的雙眼凝視著我們，即使在她的視網膜上，烙印著一千個告別的信息。

她根本不需要說話，她的眼睛已經大聲宣告：他已不在人世了。

瑞秋沒有哭。

就連瑪麗跑向她，給她一個擁抱時，就連我靠近她，親吻她的臉頰，因為不知該說什麼而彆扭地冒出「我很遺憾」時，她都沒有哭。

即使在我們三個人都不知道要說什麼，於是彼此深深擁抱時，她也沒哭。

我們不知道該說什麼好，而她也不需要我們說任何話。

在漫長如許多人生過去一般的幾分鐘後，瑞秋退後一步，再次看著我們，那雙眼睛今天看起來很莊嚴，裡面不是悲傷和遺憾。這雙眼睛讓我想到大海，裡面的海水洶湧澎湃。

「他到祂身邊去了。」

她的話，像羽毛一樣來回飄蕩著，最後落到我們的靈魂上停息。

「他很恬靜地離開人世，沒有失去他的平和、冷靜和微笑。他已經到祂身邊去了，」她又說，輕輕地點點頭：「那是他最後的心願。昨晚，在上床睡覺之前，他轉向我，親吻我，然後說：『晚點見。』聽起來很奇怪，但我想：**當然，我們會在早晨再見**。然後就睡著了。」

她保持沉默，重新振作自己。

「事實上，那並非他想要告訴我的……那不是，不是的。他已經感覺到上帝在召喚他。他指的是，那個早晨的告別，將永遠不會再次撕裂我們的靈魂。」

在她說話的同時，我想起了我們上次見面最後的一番話：「珍重再見。」他哭泣著說，每顆淚珠都傳達同一個訊息。

瑞秋接著述說了那天早晨發生的所有細節：「當我起床卻沒看到他時，我慌了，跑到廚房裡去找他。每次只要他一起床，就會去喝一杯咖啡。『這會讓我充滿電。』他每次都這麼說。但那時房子裡並沒有咖啡的香氣，只有空虛。你可知道，人不在時會留下一種特別的氣味？那是一種無法形容的味道……然而我還是一直找他。我到走廊去看，他常常在那裡欣賞日出，但當我沒看到他在椅子上，也沒看到小鳥來吃他會丟給牠們的麵包屑時，我感覺『夜晚』就要降臨。」

她安靜了片刻，擠出一個微笑。

「我最後找到他了，我不知道我怎麼會沒有想到！他就在書房裡，跪在他的舊跪墊上頭。那是他最大的樂趣，是他不可或缺的必要事項。那不只能讓他充滿電……那會給他生命。」

瑞秋無法自拔地接著說下去，彷彿在她與我們述說的同時，她又重新經歷了這些時光：「從門邊看，我就知道那墊子上只剩下身體的軀殼。他已經飛到更高的天堂去了……他已經在呼吸著更純淨的空氣。」

我感到一陣莫名的感動。我從來不記得自己曾被這樣強烈的感受所撼動過。

瑪麗沒有說話。她看著地面，她的眼淚已經在那裡積成了小小的水窪。

我走到房子前……回到那打開的門邊。我用盡所有的力氣，想看到老牧師一如往常地敞開雙臂，對我表現出親切的歡迎。

我轉向瑞秋，用眼神徵詢她的同意，想進去看看。她同意了。之後，我進去他的書房……那個在很多個星期一成為我隱密的避難所、治癒我靈魂的小房間。

我看到他的跪墊。

他那時就在那裡……我坐到每次坐的同一個位子上，在他面前，看著他。喔，那個殘破不堪的跪墊，釋放了多少的智慧！

那把椅子曾經承載著多麼大的權威！而現在，它上面卻是多麼強烈的空虛！

一股難以承受的寂寞來襲，我垂頭喪氣，雙眼停留在地板的跪墊上。

上面還留著老牧師的痕跡。

我走上前去，將雙膝跪在他留下的凹痕裡。我可以發誓，那布面還溫熱著，就好像一個活生生的火炬點燃了它，而現在那同樣的火焰仍舊燃燒著我。

「有時候我在跪下時，人是破碎的，但當我起來時，我總是重新充滿生命力。」他曾經這麼說過。

當我這麼小聲說著，我突然發現了這個訊息的精髓。

大概是在幾分鐘或幾個小時之後，我才感覺到瑪麗跪在我身邊。我們共用了墊子。我很高興，因為我感覺到當我們一起跪在那裡時，彼此的靈魂也結合了。

她看著我，小聲說：「必須有人來填滿這個地方……必須有人繼續他的工作。」

我拉著她的手，一起閉上眼睛禱告。

「我在這裡，神啊……」

這些話才剛從我的嘴裡說出，雙眼馬上充滿淚水。

「我在這裡，我在這裡……」

「我們在這裡……」

瑪麗的聲音呼應了我。

「我們在這裡，神啊……」

當瑞秋靠過來，輕輕地用雙手放在我們的頭上時，我們感覺到生命中一個新的時代正在開啟。我們正受到了指派。

藉由充滿淚水的眼睛，我看到我們彼此緊握的雙手，而手的下方，跪墊上面的十字架編織圖案，像烈火一樣發光。

我知道，我終於找到了自己的位置……我們的位置。在十字架的下方受到庇護……靠的是跪在它的上方。

當我們離開那棟房子時，已是傍晚時分。我仍感覺好像是早晨，但太陽已慢慢消失，夜晚那陰暗的國度也開始降臨。不過黑夜並不在我體內，因為在我體內，已經開始了新的一天。

那時我看到了。門邊的地面好似鋪滿紅色花瓣。

那些玫瑰，謝掉了。

一些凌亂的花瓣仍舊懸掛在花萼上，迎著微風搖搖欲墜，但大部分的花瓣都散落一地。那些花朵是隨著他智慧的金玉良言一朵朵盛開的，最後也跟著他一起告別了。現在它們只是花莖上頭深咖啡色的點。

我想起那晚的夢：紅玫瑰覆蓋著十字架。老牧師已經不在，但那些在他忠告的溫暖氣息中綻放的花朵，全都鋪滿地面。

我在花盆旁彎下腰，一片一片拾起那些看似一封封充滿智慧信箋的花瓣。將它們小心翼翼地整理好後，我將它們放進口袋裡。

我們親吻了瑞秋，她不想讓我們那晚留下來陪她。

「謝謝你們。」她對我們說：「其他人也想來陪我，但我都跟他們說，我想一個人陪他度過最後的這段時光。」

「好吧，瑞秋。」瑪麗擁抱她，跟她說再見：「我們明天見。」

「等等！」我們走到差不多有五十呎時，她突然喊道。

然後她走進屋裡，很快再回來。

「拿去。」她遞給我一個小小的木箱，上面的裝飾設計得像個珍珠蚌殼一般。最醒目的，就是一個大十字架。「這裡面的東西讓他這陣子很忙，有時還熬夜加工。他很勤奮地工作，因為他知道快沒時間了。我確定這東西很重要。他要我把它拿給你，在他……當他已經不在這裡時。我今天早上看到他時，他跪著，手中拿著他的鋼筆，筆尖還在他所寫的最後幾個字上滲出墨水。這是給你的。他囑咐我要拿給你。」

我接過這個禮物，彷彿這是世界上最珍貴的寶藏。

「我們明天見。」我們再次擁抱她，向她保證。

一會兒之後，我和瑪麗在夜色落下的同時，回到了家。

然後我想起，我們陪著瑞秋度過了她成為寡婦的第一天，而我們整天下來什麼也沒吃。不過我們兩人都不餓。

我們察覺得算早。

「進來。」

瑞秋牽了我和瑪麗的手，溫柔地拉著我們走。她帶領我們到老牧師的大體旁邊。

我上前致意，不可思議於這張祥和的臉竟然屬於一位往生者。

他的表情很平靜，白頭髮往後梳，好似散發出一種深層的平和。他的眼睛看起來好像在睡覺，他微張的嘴巴用一種祥和的微笑露出牙齒。

我專注地看他，感覺他好像在呼吸，好像隨時都可能睜開眼睛對我說：「讓我跟你說個故事。」

他的身上放著他的聖經，上面金色的十字架浮雕發亮。那個畫面對我來說很熟悉，那是我這幾個星期以來一直看到的，只是現在這本書是闔上的。在頭頂板上，一個大的金屬十字架將陰影投在他身上，彷彿在保護著他。那個空洞的十字架就如他所不斷說的：「祂為我們承受了十字架，但那十字架沒有困住祂。祂成為了人類，因此祂可以死去。但祂仍然是神，這樣祂才能拯救。」

我看著他，覺得他好像隨時都會張開嘴巴，說出最深的心願：「我生在十字架的庇蔭下，我想要依靠它而活，也但願在我的時刻到來時，它會是高舉我到上帝身邊的那道階梯。」

「你已經達成心願了，我的老牧師，」我小聲和他說：「你已經實現你的夢想。」然後靠近他耳邊，又說：「你跟約瑟夫……你的孩子所講的話並不傻。現在你已經證實了，不是嗎？當你說：『我們很快會見到彼此的。』那一點都不荒唐。」

「拿去吧！」瑞秋對我說，指著她丈夫胸前放的那本聖經。

「但是……但是……」我吞吞吐吐，不敢伸手。

「那是給你的，」她堅持：「他跟我說了：『當我的時候到了，我想要他擁有這本書，這樣他才能繼續愛它、宣揚它。』那是他告訴我的。」

我覺得很激動，同時也覺得害怕。兩種情緒彼此抗衡著，看看哪一邊能勝出。

最後我伸出手，明顯地顫抖著，我把手放到老牧師的胸膛上。我可以發誓，我感覺到溫暖，好像在那套黑色西裝下面一把熱情的火焰仍舊燃燒著，也好像是那神聖的書繼續把火焰傳到他身體的核心裡面。

我的手指抓緊那本聖經，但我的手還是抖得很厲害，於是瑪麗也伸出手來和我一起拿聖經。她的手指在我的手指旁邊抓緊聖經時，顯著更加白皙，在我們的手之間，那十字架的印記發著光。

「我們在這裡，神啊！」她說。

我看著她，看到一顆斗大的淚珠從她閉合的眼睛流出，沿著她的臉頰滑落。

我們決定陪瑞秋一起回家，即使她堅持可以自己一個人回去。

我們一起很愉悅地聊著天；事實上，當我們想到老牧師的一些故事時，還一起歡笑。當我聽到瑞秋那水晶般清脆透徹的笑聲時，我想到一件很棒的事：只要神與我們同在，我們就不會感覺自己像個孤兒一樣。

黎巴嫩詩人紀伯倫（Khalil Gibran）的話在我心中迴響：「不管暴風雨有多長，太陽永遠會再次從雲朵中照耀。」」

「我們會很常見面的。」瑪麗保證。

「你們不必為我這麼做。」瑞秋回答。

「我們不是為了你才這麼做，」我解釋：「我們是為自己而做。」

當我們互道再見時，夜幕也漸漸低垂。落日仍在這靜謐的鄉間散發著耀眼的光芒，讓我覺得它好像為我們點亮了一條新的道路。

回到家時，我們因為一整天激動的情緒而感到疲累。我們彷彿腦部失血，整個人癱在床上。

「讓我睡五分鐘，然後去打開盒子，看看內容物。」我告訴自己：「只要五分鐘。」

但我閉上雙眼，睡了好幾個小時。

很久之後我才睜開眼睛，中間經過了一個陰雨濛濛的上午。那是十一月中某個接近中午的時分。

瑪麗在我身旁休息。跟他已經不在的事實一樣，只要我一想起來，就會覺得很激動。

那是個星期天的早晨，我很早就醒過來。

我一向很少做夢，但我現在幾乎天天在做夢。夢裡，我像平常一樣，看到自己在沙漠裡。同樣的那座沙丘，同樣殘酷的太陽炙燒著大地，讓地面冒著熱氣。

同樣的十字架……

但是又多出了什麼——有某些地方不同。

這次是我在夢裡瘋狂痛苦地吼叫，我對那些穿越那炙熱地獄的人高聲呼喊，並沒有注意到十字架。在他們用盡最後的力氣時，有太多人都只能拖著自己沉重的身軀前進，無法看到在十字架腳邊所能帶來的陰涼和生命。

我驚訝地醒來，雙手揮舞著，前額已佈滿了汗水。床單好像著了火一樣，彷彿我把沙漠的火焰帶回了我的床上。

好險瑪麗仍在睡夢中。我不想因為晚上經常失眠而讓她擔心，即使我沒辦法不去想到，我倆已經攜手跨越了一條界線，如今，我們對上帝的服事，已經處於一個新時代和新境界中。

我知道我們必須談談這件事。

我用手背抹去汗水，感覺到越來越強烈的不安。那感覺好像是面對一條未知的路，手中卻沒有地圖。我慢慢地坐起來，試著不要吵醒瑪麗，然後將腳伸進拖鞋裡，往廚房走去。第一杯咖啡通常都很有功效，尤其是當我因為被某個夢境所擾而起床，就像今天早上這樣。當我正要往門口走去時，我看到小桌子上的那個木盒。那天瑞秋把它給我之後，我就把它放在那裡，太多事情發生得很緊急，導致我忘記了它的存在。

時候還很早，我還有很多時間去開小教堂，於是拿起木盒，煮了咖啡，然後一邊喝著熱呼呼的咖啡幫助我醒來，一邊準備好要打開這個盒子的祕密。

我試著要打開鎖住木盒的閂，但太緊張了，以至於讓鐵絲穿過去，好在閂還是隨之跳開。

盒子裡堆著許多小小的羊皮紙捲，全都用紅色絲帶綁著，上面還各綁了一朵乾燥的紅色玫瑰花。我看得更仔細點，發現總共有十六捲羊皮紙，上面全部都標記號碼。

我顫抖著手，打開第一捲羊皮紙上的絲帶。我小心翼翼地把玫瑰花拿開，把羊皮紙攤開來。

羊皮紙的上端印著一個十字架，下面有手寫的字體。我認出那纖細流暢的筆觸，正是老牧師的字跡。上面所用的墨水，顯示那是用同一枝鋼筆寫出來的。

「這像是個遺贈物。」我讀完最前面的幾個字以後，訝異地說。

這個遺贈物，將成為我從今以後在嶄新道路上所需要的地圖。

然而此時我仍沒有理解到，也沒有想到。

我們早早來到了教堂。短短的路程只花了大概十分鐘的時間，但那天在車上，我們都很安靜。

瑪麗在沉思，我也一樣。我在想著那天早上讀到的所有忠告和智慧。

我一手握著殘破的大字版聖經，另一手拿著裝著羊皮紙的木盒——兩者都是老牧師遺留給我的禮物。

我進到教堂，裡面充滿十一月的黑暗冷峻，瑪麗坐在門邊她的位子上。她可以在那裡與教友們打完招呼後繼續看著他們。她會幫忙那些她覺得看起來悲傷的人、讚美那些喜樂的人、為那些沒出現的人禱告。在那裡，她也為我禱告著。

那天簡短的音樂開場很有啟發性。站到講壇後方時，我可以呼吸到空氣中神聖的靜謐。

我打開聖經，看了幾秒鐘，然後看著那些坐在那邊，等著聽佈道的教友們。

我看著他們，感受到我對他們的愛。

他們也看著我，我知道他們愛我。

後方靠近門的地方，他在那裡——那個在電話中用惡毒攻擊摧毀我們的人。但今天我看著他，對他微笑……

他低下頭，我並沒有感到任何怨恨。相反地，我感覺吸飽了誠摯情感的「氧氣」。

瑪麗就在我身邊。她用微笑回應我的眼神，然後點點頭。我知道她愛我……我知道我愛她。我有多麼需要她。

正當我要開始傳遞信息時，教堂的門開了，瑞秋走進來。

她蒼白的頭髮梳得很整齊，忠實地反映出靈魂的純潔。她的眼睛仍舊看似波濤洶湧的大海，但她的微笑好似探出頭來的陽光，在雲海上方享著得勝的榮耀。

她在我妻子身旁坐下，握著她的手。

然後她看著我。

她臉上煥發的光采碰觸了我，於是我開始說話。

我試著唸出準備好的佈道內容……在我被緊急召喚去見老牧師的星期五那天，所準備的那篇內容。

我試著要講演這篇內容，卻辦不到。

我的嘴唇只找到幾個字：「我的生命始於十字架的庇蔭。我一直都活在它的遮蔭之下，而我想要在我的時候到來時，讓十字架成為帶領我到祂身邊的階梯。」

然後，我走到聖壇前面那個簡單的十字架，在它面前跪下。我停留在那裡，大概一分鐘的時間後，我注意到有人跟我一起跪拜，同時抓住我的手。我的手心感覺到一只戒指，感覺回到了當初我們願意手牽手，同心協力一起走下去的那一刻……是瑪麗。

我抬起頭，看到瑞秋低著頭。她也一樣跪在十字架旁。

然後，有越來越多人也主動地來到聖壇的地板上。

就連他——那個打電話給我們的人——也低下頭，我聽到他在哭泣……他靠近了一點，然後抓起我空著的那隻左手。當我看著他時，他顫抖的雙唇說出了兩個字，簡短又有力：「抱歉。」

我站起來，他也是，然後我們擁抱和好。我感覺他臉上滑落的淚水，就像是包覆他內心的冰塊。寬容的火焰已經使它融化。

然後我環顧四周，看到教堂的座椅都已空蕩蕩……而聖壇卻充滿了人。

每個人都在那裡，在十字架的遮蔭下跪拜。

於是我明白，瑪麗和我並不是唯一在生命中開始新局面的人。這間教堂已經進入了一個全新的階段。

當情緒上的事奉已經結束後，我們陪瑞秋回到她的家。我們一路上沒有多說，但在她身旁的沉默時刻卻充滿無比的平和。

我們在藍色黑釘子大門口互道再見。

她的笑容投射出靈魂的平靜。她擁抱我們，對我們說：「謝謝你們繼續這份工作。這個世界需要決定去愛、願意犧牲他們生命去奉獻投入這份事工的人。」

我們繼續互相擁抱幾秒，同時我的眼睛看向我每個星期一晚上都會佇足停留的玫瑰花叢。

有個東西吸引了我的注意……某個不可思議且強烈的東西，讓我從擁抱中抽身，直接走到花盆邊。

我揉揉眼睛，再看清楚。

「怎麼可能？」

我一直指著玫瑰花叢……因為我說不出話來。

在傍晚時分的夕陽下閃爍的白花當中，有十五朵玫瑰已經盛開……十五朵充滿生命的新開的玫瑰花。

「怎麼可能？」我又小聲說。

我衝向稍早放在覆蓋著花盆的石頭圓椅上方的木盒。

羊皮紙還在原處，仔細地捲起來，用紅色絲帶綁著。但繫在它們上頭的乾燥玫瑰，已經消失了。

枯萎的花朵消失，新的花朵盛開。

「它們怎麼可能起死回生？」我反覆說著：「怎麼會呢？難道我把乾燥的玫瑰忘在別處，而這些花的出現只是巧合？」

瑞秋看起來並不驚訝。「我不相信巧合。」

她平靜地看著我們，解釋說：「運氣是不存在的。上帝並不會玩賭注。在我們看來好像稀鬆平常或是異常特別的事，都可能是上帝的訊息用擴音器在對我們呼叫著。」她指著玫瑰花叢，用平靜溫和的聲音解釋：「這些花，從溫暖的永恆訊息中誕生……它們是因為維持事奉上帝火焰的不變真理而生……它們有永遠不死的價值。那就是為什麼這些花還繼續活著。」

我們慢慢地走回家。

萬物寂靜。

遠處一隻狗吠了一聲，提醒我們生命仍在繼續著，但不像這樣安靜而美麗。

我的左手緊抓著瑞秋給我的聖經。「這是給你的，」她對我說：「他叫我把它給你：

『當我的時候到了，我希望他能擁有這本書，繼續地愛它且宣揚它。』」

雖然那是個莫大的殊榮，但同時我也感覺到一個很大的責任壓著我，有一千個問題因此浮現：**我能繼續勝任這份工作嗎？我能準備好去達成嗎？我會有足夠的力量嗎？**

然後我感覺到瑪麗的手在我手中。我看著她，她對我微笑。

我在這項任務中並不孤單，我們是個團隊。

我們停下來一會兒，再次看看那房子。

高出來幾呎的煙囪投射出一道陰影，跟屋頂的輪廓一起形成了十字架的形狀，我發現我們正好站在那陰影的頂端。

我們的腳堅定地踩在十字架的頂端，那個賦予老牧師力量和榮耀的十字架……

我們在這項任務中並不孤單。並不是所有事都由我們決定……幾乎沒有事是由我們決定的……我們是個團隊，由那個永不會失敗的上帝所指引著。

我們又開始走下去。

我們緩慢地前進，沿著那已經成為我們一生道路的完美十字架的桅杆走著。

「我總算可以看看那神祕的木盒了嗎？」我們到家時，瑪麗這樣問。

「我今早看了，它改變了我的一生。」我回答她。

「那我們還等什麼呢？也是時候要改變我的生命了。」

我們坐到沙發上，她拿著小盒子，我拿出標記著「一號」的羊皮紙。

當你讀到這個時，表示我已經不在了。我的意思是，我將不會在你的身邊，雖然事實上我會以最真正的涵義存在著：我將已經結束我的旅程，我會享用那期待已久、能與神面對面的獎勵。謝謝你在最後一段旅程中忠實地陪伴我。謝謝你接受傳承這份工作的挑戰，並開始耕耘我們這些人已經奉獻了一生在耕耘的土地。

我已經決定用備忘錄的形式，將我們每個星期一所分享的信息做個總結。牢記它們會對你有所幫助。

如果我幫助了任何人，如果我對任何事情有了助益，我都把功勞歸給上帝的恩典，以及我堅守這些原則的決心。范戴克牧師說得很對：「你在這個世界所擁有的，在你死亡的那一天，將會是另外一個人的東西。但你的人格將永遠都是你的。」我最能帶著走的，就是我的救贖，知道活著去實現我最高的目標，以及在我真心所愛之人——瑞秋——身旁完成這件事的喜悅。

我遺留下的僅少東西，我想要你保存這些最珍貴的遺贈物：這束以信條形式呈現的花束，能夠賦予你的事工生命和權威。我已經為它們命名：十五朵紅玫瑰，像是從十字架上滑落的露珠。

紅色，代表沾染十字架的鮮血，在那十字架上，我們的一切和所作所為，都已經被救贖。玫瑰花，代表那每個星期一讓你欣喜的、在午夜時分盛開的花朵。而玫瑰花同時也能提醒你，最珍貴的花朵可能含有尖銳的刺，任何想要把它的美呈現給這個世界的人，都必須冒著用鮮血標記他們路途的風險。

事工也是如此。我們常在中午耀眼的陽光中履行它，但有些果實卻只在月光下才會成熟，有些特別美麗的植物只在陰暗的地方生長。那就是為什麼有時候天會變暗。

我建議你背下這些信條，並好好遵守。不要因為它們出自於我這個老牧師發抖的手而低估它們。記住，有時候殘破的手錶，更能夠顯示出正確的時間。

最後我有個意義深遠的請求：好好照顧瑞秋。她是上帝在這個世界上給我最珍貴的寶藏。

現在我要說完了。我會先把信條列出來，然後一條一條仔細地檢視它們：當你想要時，你可以開始去解讀這束玫瑰花的意義。

❀ **信條一**

一切都始於敬愛神。我們如果不愛我們所服事的神，那麼我們的事奉就會變成費力且枯燥的工作。不要為了神的教堂而做事，要事奉那教堂的上帝。

❀ **信條二**

照料並維持你的家庭健全。你的事工中，最有力的證明就是你的家庭，從你的婚姻開始。

❀ **信條三**

將最棒的時間留給你的聖經。其他的書可以提供你資訊，聖經則可讓你轉變。其他的書能闡明事實，聖經裡隱含的是力量。

❀ **信條四**

愛你所事奉的人，否則你會停止事奉他們。你不可能貢獻生命去事奉你不愛的人。當愛已經不再，事奉的喜樂會轉為義務，希望會轉為失望。

❀**信條五**

你是有價值的。你不只是一般人，而是住在這個地球上數十億人當中的一個。只有你能成為你自己。

❀**信條六**

要樂意寬恕。帶著沉重的怨恨是不可能前進的。同時，要樂意原諒自己。當你犯了錯，要記住，一次的失誤並不是失敗，失敗是你不願再試一次。

❀**信條七**

永遠要腳踏實地且沉著穩重。在獲得最高的榮耀之後，要記得你的雙腳仍舊是塵土所造。克服挫敗，但不要讓勝利打敗你。

❀**信條八**

禱告。讓禱告成為一種習慣。與上帝同在幾分鐘，會讓一整天都踏實。與祂相處的幾個小時會讓生命得勝。

❀ **信條九**

盡可能地笑，每天都笑。笑有治癒的療效，而且它是天堂的禮物。走路、跑步、遊玩、大笑。

❀ **信條十**

偉大是知道如何謙卑。上帝要找的不是發亮的星星，祂寧可要可塑造的黏土容器來宣揚祂的寶藏。

❀ **信條十一**

信實地回應那位挑選你的神。信實是留在上帝安排給我們的地方，即使我們的土地位在高山中最崎嶇的山腰上。

❀ **信條十二**

學習理解試鍊和苦難的巨大價值。最美的天空永遠和最黑暗的地方息息相關，而最艱難的時光是通往更好機會的大門。

信條十三

在夜晚時做改變？萬萬不可！要等待黎明的到來。不要在暴風雨當中做改變（聖奧古斯汀的話）。

信條十四

誠實：在天堂和人間都是崇高的價值。你是什麼樣的人，比你所做的事還要重要。你的生命比你的工作還要重要。

信條十五

學習去組成團隊。耶穌訓練了一些人，指派他們去教導很多人。有效的祕訣不在於履行這份工作，而是找出對的人去做它。

箱子裡面有十五張羊皮紙。每張都一一解釋和分析這些信條。

瑪麗的好奇心越來越強，於是拿了第二捲羊皮紙，打開來遞給我。這時我才發現老牧師的鋼筆在裡頭。

那就是他一輩子都在用的那枝鋼筆，那枝他用來寫出鏗鏘有力的佈道內容的鋼筆，用來寫下這份奇妙備忘錄的鋼筆。

他想把它送給我。我知道，這個舉動暗示著他在這個接力的賽程中，把棒子交給了我。仍然會有句子要寫，而現在，筆已握在我的手中。

「我們來讀這些羊皮紙吧！」瑪麗激動地對我說。

我們一起讀了第一張，然後再一張，然後另外一張……直到我們把整個大箱子的羊皮紙都讀完。那是我第二次讀它們，但我又一次被那浩瀚的智慧所打動。

最後一個字的旁邊有個墨漬，像是鋼筆濺出來的墨淚，彷佛是感受到老牧師的最後心跳。

那些羊皮紙還攤開著，我跪下來，瑪麗也在我身旁跪下。我拿起鋼筆，在那個墨漬下方，我的手與那位寫下這份有力備忘錄的人一樣顫抖著，我寫下：

我應該成為老牧師信實的傳承者。

我應該將這些信條一一付諸實行。

我應該堅毅地接受迎面而來的打擊，並且高舉十字架。

當我們收拾那些羊皮紙，將它們放回木箱時，瑪麗發現了一件事。

「你看！」她拿起留在箱底的一張小紙條：「上面有寫東西。」

她大聲唸出來：

當生命開始困難，黑暗籠罩了你；當山路變得太陡峭，負擔變得太沉重，回來看看這些信條。最後那幾條是很重要的，最前面的幾條也是……

「好奇怪！」瑪麗說：「他的堅持是不是太過度了？」

那段話是有點奇怪，但我現在沒力氣去想它。那一天我已經有了太多的感動。我們能做的最好的事就是休息。明天我們會把一切看得更清楚。

我們睡得很沉。情緒的漩渦讓我們筋疲力竭，睡眠能幫助我們恢復體力。早上六點鐘，我睜開眼睛，突然察覺到那恐懼的寒慄並不陌生。

那是混雜著對未來的希望和對未知的恐懼——期待生命的新局面，卻擔心變成一個孤兒，那樣的擔心來自於老牧師的死亡。

我將頭枕在雙手上，躺在床上看著天花板……看著那覆蓋天花板的黑暗。

不到三分鐘，瑪麗也醒來了。她睜開眼睛，驚訝地坐起來。

「那些信條！」她呼喊著，讓我吃了一驚。

「妳怎麼了？」她的反應讓我很擔心。她從沒像這樣子過；相反地，她平常總是慢慢地起床，需要「充分的時間」來慢慢打開眼睛。但現在她已坐在床上，說話很快速。

「那些信條很重要！」她重複：「它們當然很重要！」

她的語調和臉上的表情讓我的擔心轉成恐懼。

「妳還好嗎？」我問：「妳怎麼了？」

「那些羊皮紙！拜託把它們拿給我！再給我一枝筆和紙。」

我們馬上坐到沙發上。瑪麗拿起羊皮紙，開始讀那些句子，只有標題，一個接著一個，要我把它們寫下來。

我照著做，用那枝老鋼筆寫下每一句話。

當我寫完時，她解釋給我聽。

「我看到了他們！」她仍舊沉浸在感動中，因此話語滔滔不絕地湧出：「我很清楚地看到了他們，他的手就指著這些信條。」

「等等！」

我的恐懼又更加一層，遂把手搭在她肩上，輕輕地搖她：「冷靜下來，拜託妳。妳看到誰？」

「瑞秋和我們的老牧師。他們倆都看著我，臉龐散發著耀眼的光芒。然後他們低下頭，用手拼湊出字母來構成句子。」

「他們寫了什麼句子？」好奇心驅使我講話更快了。我重複我的問題：「告訴我！他們寫了什麼句子？」

「你把那些信條的前面幾個字拼湊起來，就會看到那個句子。」

我看著她，卻不了解她的意思。難道她承受太多的壓力，以致現在語無倫次了嗎？她大概看出我的想法，也許是我疑惑的樣子很好笑，因為她開始大笑，然後把我寫上信條的那張紙拿過去，在上面幾個字母下方畫線，然後把它交給我。

我那時才恍然大悟。

我再次讀那十五個句子，然後專注在信條的前面幾個字母上。

然後我明白了。把畫底線的字母拼湊起來後，我看出一個有意義的句子。意義相當深遠！

一切都始於敬愛神。

照料並維持你的家庭健全。

將最棒的時間留給你的聖經。

愛你所事奉的人，否則你會停止事奉他們。

你是有價值的。

要樂於寬恕別人，也寬恕你自己。

永遠要腳踏實地且沉著穩重。在獲得最高的榮耀之後，要記得你的雙腳仍舊是泥土所造。

禱告。對神說話也讓祂對你說話。讓禱告成為習慣。

盡你所能地笑，每天都要笑。

偉大是知道如何謙卑。

信實地回應那位挑選你的神。

學習理解試鍊和苦難的巨大價值。

在夜晚時做改變？萬萬不可！要等待黎明的到來。

誠實：在天堂和人間都是崇高的價值。

學習去組成團隊。

瑪麗拿了那張出現在箱底的小紙條，再次讀出聲：「當生命開始困難，黑暗籠罩了你；當山路變得太陡峭，負擔變得太沉重，回來看看這些信條。最後那幾條是很重要的，最前面的幾條也是……」

我複述著所寫下的句子，現在我的回應聽起來好像是個答案：

「**一切都是恩典**。」

我看著瑪麗，重複一次，然後閉上眼睛，又複述一次。我想到今天早晨醒來時所感受到的恐懼。害怕成為孤兒的恐懼動搖了我，充滿恐懼的期待讓我昏頭……我再複述它一次。

接著，我拉住瑪麗的手，一起回到床上躺下，眼睛注視著天花板。

黑暗已經不在。黎明終於到來。

黎明也進入我們體內……陰影已退去，被真理耀眼的光芒所驅散：幾乎沒有事情是靠我決定的，因為一切都倚靠祂。

一會兒過後，瑪麗又一次在床上坐起。她用手臂環抱著雙腿，看著那些羊皮紙。

「你對這些有什麼計畫或想法嗎？」她問我。

「活出它們背後所蘊藏的信息。」

「就這樣？沒有更多？」

「一點也不少。」

她打趣地微笑。

「你想我多做什麼嗎？」

她若有所思地看著我，然後轉向那些羊皮紙，然後再轉回來看著我。

「它們蘊藏太多的智慧，這樣的財富不應該被鎖在這個大箱子裡。」

我知道她心裡已經有個計畫，但我不喜歡玩猜謎的遊戲。

「妳認為我應該還要做什麼？」

她在我旁邊躺下，轉向我，將手臂環抱著我的腰，視線沒離開我。

「你剛剛結束的生命章節，可以稱為**老牧師與我的十四堂重生課**。」她誠實且誠懇地微笑，就像我第一次見到時它一樣擄獲了我。「你不覺得現在就是你該傳遞你所接收到的禮物的時候了嗎？」

我看看她，思考著。我再次凝視著天花板，盤算著，然後很快地在床上坐起。

這次是瑪麗吃驚地看著我。

「年輕弟子與我的十四堂重生課！」我不只是講出來，而是大聲說。

「聽起來不錯。」

我同意地點點頭，重複說：「從『老牧師與我的十四堂重生課』到『年輕弟子與我的十四堂重生課』是個明智的轉折。那會是個令人振奮的新里程。」

我將那些羊皮紙一張張地放回木箱裡，然後闔起來。我把它拿在手裡時，感覺它好像在燃燒。無庸置疑地，是該把這些信條和智慧傳遞出去的時候了。

「是的，」我對瑪麗說：「那會是個令人振奮的新里程。」

「那並不容易，」她警告我：「但是當山路變得太陡峭，負擔變得太沉重……」

「那麼我們會記得……」我打斷她。

我們異口同聲地說出來：「一切都是恩典，那將永遠是我們的後盾！」

結語

一切都是恩典

這本書的開端，是因為我心裡的裂縫浮現了一個想法：**也許我應該投入到別的事業中**。在書的結尾，我現在帶著堅定的決心，要奉獻自己去做一件事：讓十字架被高舉，且持續不懈怠，用所有可能的尊嚴，維持那託付給我的神聖事工。

我的很多想法都一起浮現，而我接受了神給我**一道光**和**一個地方**去解開它。祂給我**一匹馬**以騎乘，和**一個目標**可以瞄準。

在夜晚的天堂裡，不僅只有星球、太陽和發光的月亮，也有滿天星辰，包括那些名叫矮行星（dwarf）[1]的星星。即使只是一個微小的點，沒有任何的虛榮，也能在宇宙的黑暗中散發出光芒。

我已得到結論：勝利，尤其是喜樂，並不在於成為一顆發光的星星，而是在於成為上帝要你成為的，在祂為你選擇的地方散發你微小的光芒。

如果一座森林裡只有那些最會唱的鳥兒在唱歌，那會變得沉寂。森林裡的大合唱，所謂合奏的美，是由包羅萬象的各種歌聲所組成的，高亢的音調和五音不全的聲音一起齊聲歡唱、結合在一起時，它們可以為沮喪的靈魂創造出治癒的療效。

在夜裡，一個人會有一千個疑問。靈魂的黑夜真的非常奧妙！

但是，早晨終究會來臨，太陽會將一切回復到它應有的位置。然後我們會發現，夜晚看到的詭譎影子，看起來像是一隻骷髏的手臂，其實是結實累累的樹枝；而在暗處那空虛的一片黑，看起來像是一個可怕的深淵，其實是一處清澈的井水，能供我們梳洗解渴。

紀伯倫說得一針見血：「每個**冬天**裡都有春天存在著，每個夜晚的邪惡當中都會有黎明在微笑著。」

也許，你已經從沙漠走出來，也或者你正在接近一片沙漠。也許此時此刻，你的雙腳正深陷在炙熱沙丘的沙子裡。

無論如何，要追求十字架。

每片沙漠中都有十字架。在十字架的遮蔭之下，會有你所能想像的涼爽綠洲。

1 編注：泛指半徑小、光度弱的恆星。

你可以喝水，直到飽足，並在它寬厚溫暖的木頭下面休息；你可以好好地看待生命，然後定下結論，生命是值得這一遭的，因為……

一切都是恩典。

致謝

如果不是那些激發我靈感的人，我就無法寫出這個故事。

獻給成千上萬的男人和女人，努力照料著天主為他們準備的這塊小小「土地」：謝謝你們把雙腳踩了進來，讓這塊神聖事工的土壤沾染你們的雙手。

我誠心感激 Thomas Nelson 出版社和他們優秀的團隊，他們相信這部卑微的作品，並且協助它，讓它得以誕生。我希望這個用白紙黑字創造出來的孩子，能為許多生命帶來喜樂和祝福。

國家圖書館出版品預行編目資料

月光下的十字架：老牧師與我的十四堂重生課 / 荷西.那瓦荷(Jose Luis Navajo)；梁麗燕譯. -- 初版. -- 臺北市：啓示出版：家庭傳媒城邦分公司發行, 2013.04
面； 公分. -- (Soul系列；38)
譯自：Mondays with my Old Pastor

ISBN 978-986-7470-80-5(平裝)

1.神職人員 2.教牧學

247.4 102006231

Soul系列038

月光下的十字架：老牧師與我的十四堂重生課

作　　者／荷西．那瓦荷 Jose Luis Navajo
譯　　者／梁麗燕
企畫選書人／彭之琬
總 編 輯／彭之琬
責任編輯／李詠璇
特約編輯／黃怡瑗

版　　權／黃淑敏、翁靜如
行銷業務／王　瑜、林秀津
總 經 理／彭之琬
發 行 人／何飛鵬
法律顧問／元禾法律事務所 王子文律師
出　　版／啓示出版
台北市104民生東路二段141號9樓
電話：(02) 25007008　傳真：(02)25007759
E-mail:bwp.service@cite.com.tw
發　　行／英屬蓋曼群島商家庭傳媒股份有限公司 城邦分公司
台北市中山區民生東路二段141號2樓
書虫客服服務專線：02-25007718；25007719
服務時間：週一至週五上午09:30-12:00；下午13:30-17:00
24小時傳真專線：02-25001990；25001991
劃撥帳號：19863813；戶名：書虫股份有限公司
戶名：英屬蓋曼群島商家庭傳媒股份有限公司城邦分公司
訂購服務／書虫股份有限公司客服專線：（02）2500-7718；2500-7719
服務時間：週一至週五上午09:30-12:00；下午13:30-17:00
24時傳真專線：（02）2500-1990；2500-1991
劃撥帳號：19863813 戶名：書虫股份有限公司
讀者服務信箱：service@readingclub.com.tw
城邦讀書花園：www.cite.com.tw
香港發行所／城邦（香港）出版集團有限公司
香港灣仔駱克道193號東超商業中心1樓；E-mail：hkcite@biznetvigator.com
電話：(852) 25086231　傳真：(852) 25789337
馬新發行所／城邦（馬新）出版集團 Cite (M) Sdn. Bhd.
41, Jalan Radin Anum, Bandar Baru Sri Petaling, 57000 Kuala Lumpur, Malaysia.
Tel: (603) 90578822 Fax: (603) 90576622 Email: cite@cite.com.my

封面設計／李東記
排　　版／極翔企業有限公司
印　　刷／韋懋實業有限公司

■2013年 4 月30日初版
■2023年 1 月 6 日二版 2 刷
定價320元

Printed in Taiwan

城邦讀書花園
www.cite.com.tw

 ISBN 9789867470805

廣	告	回	函
北區郵政管理登記證			
北臺字第000791號			
郵資已付，免貼郵票			

104　台北市民生東路二段141號2樓

英屬蓋曼群島商家庭傳媒股份有限公司城邦分公司　收

請沿虛線對摺，謝謝！

書號：1MA038X　　書名：月光下的十字架

請於此處用膠水黏貼

商周出版

讀者回函卡

感謝您購買我們出版的書籍！請費心填寫此回函卡，我們將不定期寄上城邦集團最新的出版訊息。

不定期好禮相贈！
立即加入：商周出版 Facebook 粉絲團

姓名：＿＿＿＿＿＿＿＿ 性別：□男 □女

生日：西元＿＿＿＿年＿＿＿＿月＿＿＿＿日

地址：＿＿＿＿＿＿＿＿

聯絡電話：＿＿＿＿＿＿＿＿ 傳真：＿＿＿＿＿＿＿＿

E-mail：

學歷：□ 1. 小學 □ 2. 國中 □ 3. 高中 □ 4. 大學 □ 5. 研究所以上

職業：□ 1. 學生 □ 2. 軍公教 □ 3. 服務 □ 4. 金融 □ 5. 製造 □ 6. 資訊
□ 7. 傳播 □ 8. 自由業 □ 9. 農漁牧 □ 10. 家管 □ 11. 退休
□ 12. 其他＿＿＿＿＿＿＿＿

您從何種方式得知本書消息？

□ 1. 書店 □ 2. 網路 □ 3. 報紙 □ 4. 雜誌 □ 5. 廣播 □ 6. 電視
□ 7. 親友推薦 □ 8. 其他＿＿＿＿＿＿＿＿

您通常以何種方式購書？

□ 1. 書店 □ 2. 網路 □ 3. 傳真訂購 □ 4. 郵局劃撥 □ 5. 其他＿＿＿＿

您喜歡閱讀那些類別的書籍？

□ 1. 財經商業 □ 2. 自然科學 □ 3. 歷史 □ 4. 法律 □ 5. 文學
□ 6. 休閒旅遊 □ 7. 小說 □ 8. 人物傳記 □ 9. 生活、勵志 □ 10. 其他

對我們的建議：＿＿＿＿＿＿＿＿

【為提供訂購、行銷、客戶管理或其他合於營業登記項目或章程所定業務之目的，城邦出版人集團（即英屬蓋曼群島商家庭傳媒（股）公司城邦分公司、城邦文化事業（股）公司），於本集團之營運期間及地區內，將以電郵、傳真、電話、簡訊、郵寄或其他公告方式利用您提供之資料（資料類別：C001、C002、C003、C011 等）。利用對象除本集團外，亦可能包括相關服務的協力機構。如您有依個資法第三條或其他需服務之處，得致電本公司客服中心電話 02-25007718 請求協助。相關資料如為非必要項目，不提供亦不影響您的權益。】

1.C001 辨識個人者：如消費者之姓名、地址、電話、電子郵件等資訊。
2.C002 辨識財務者：如信用卡或轉帳帳戶資訊。
3.C003 政府資料中之辨識者：如身分證字號或護照號碼（外國人）。
4.C011 個人描述：如性別、國籍、出生年月日。

請於此處用膠水黏貼